奥出雲 昔のくらしと年中行事

―昭和のこどもたちの春夏秋冬

松尾嘉巳

ハーベスト出版

はじめに

私が松江市に住むようになってから五十年余り、半世紀が過ぎた。

ふるさとの奥出雲で暮らした年月より随分長くなった。長くなるにつれ、ますます生まれたふるさとが懐かしく恋しく思われる。

ときおり里帰りして思いをはせるが、昔の風景はどんどんなくなり、今の風景を見ても懐かしい子どものころの思い出が甦らないほどの変わりようだ。

しかし考えてみれば、変われば変わるほど、それだけ地域が発展・進化した証でもあり喜ばしいことである。これが時代の移り変わりというものであろう。

ふるさとが変わり発展すれば、ふるさとを離れた者にとっては自慢の一つであり、大変ありがたいことでもある。

今も心の中に残っている懐かしい子どもの頃の風景や行事などを思い出すと、「ふるさとは遠きにありて思ふもの」とつくづく感ずるところである。

こうした時代の移り変わりの中で、昔から伝わるふるさとの昔の行事・しきたりはだんだん行なわれないようになって、忘れられようとしている。

またすべて旧暦で行なわれていたふるさとの行事は、だんだんと生活が近代化され、合理化されるようになるなか、昭和十六年（一九四一年）の太平洋戦争が勃発したのを機に、行事・しきたりの簡素化が一段と厳しく叫ばれ、昭和十七年頃より太陽暦で行なわれるようになり、小さな行事から行なわれないようになっていったのである。

私も、昔のことをだんだんと忘れかけてきたので、心に残る子どもの頃のふるさとの行事などについて、できるだけ思い起こし、書き残し、まとめておこうと考えた。

次世代の子どもたちに語りかけ、古きよき昔の生活を後世に伝える一助となれば幸いである。

平成二十七年（二〇一五年）六月

松尾　嘉巳

目次

はじめに……1

第一章 春 一・二・三・四月

元旦（一月一日）……8
　雪道の落とし穴現象……10
　チンカラコ……10
雑煮……11
事始めの行事　その一……13
　書初め……13
　縫い初め……14
　麻糸について……14
　麻の作り方……15
　譲葉・もろもき・橙について……17
事始めの行事　その二……17
　搗き初め……17
　掃き初め……18
　山入り……18
　年始まわり……19
　藁仕事……20
　山仕事……23
三が日（一月三日）……24
坊主正月（一月四日）……26
一月六日……27
七草（一月七日）……27
松おろしと鏡開き（一月十日）……28
田打ち正月（一月十一日）……29
とろへん（一月十四日）……30
とんどさん　小正月（一月十五日）……30
廿日正月　灸の日（一月二十日）……32
兎追い……33
鳥追い……40
ふてい正月　煮ざい正月（二月一日）……41
餅について　となあしらず　じい殺し……41
節分（二月三日）……42
おひまち（三月吉日〔適当なよい日に〕）……45

彼岸の入り（三月十八日）……46
春分（彼岸の中日　三月二十一日）……46
札打ち（三月二十一日）……46
社日つぁん（三月二十四日頃）……47
薬売り……48
苗代の種蒔き（四月初旬）……49
ふらい米（焼き米）作り……49
水口奉り……50
月遅れのひな祭り（四月三日）……51
氏神様の春祭り（四月十三日）……53
鳴子おどしと縄鉄砲……54
肥え負い……56
荒田起こし……57
燕の巣……60
俗言・言い伝えなど……63
干し田こじき……65
くれ返し……65
代掻き……66
荒代掻きと、ほった返し……67
農繁期の行商……68

第二章 夏 五・六・七・八月

田植え……70
端午の節句（六月五日）……73
れんげ（六月十五日）……74
蛍……75
半夏生　笹巻き（粽）作り（七月二日）……76
笹巻き（粽）作りの由来……79
八朔（旧八月一日）……79
七夕さん（八月七日）……80
衣洗いの日（八月七日）……82
菩提寺の和尚さんの棚経（八月のお盆前）……82
迎え盆（八月十三日）……83
灯心の作り方……85
お盆（八月十四〜十五日）……87
朝間仕事……88
送り盆（八月十六日）……89
愛宕さん（八月二十四日）……89
延命地蔵廻り（八月の頃）……90
万経（八月の頃）……91
柿渋作り……91

第三章 秋 九・十・十一月

二百十日（九月一日の頃）……94
虫送りの行事（九月中旬）……94
社日つぁん（九月二十日の頃）……95
彼岸の入り（九月二十日）……95
秋分　彼岸の中日（九月二十三日）……96
鉄漿……96
亥のこさん（十月上旬）……97
氏神様の秋祭り（十月十三日）……97
稲刈り……97
こなし（稲扱ぎ）・脱穀……100
臼引き……103
紐落とし　七五三（十一月十五日）……104
初誕生のお祝い……104
還暦のお祝い……105
米寿のお祝い……106
神等去出祭（旧暦十月二十六日）……108

第四章 冬 十二月

冬至（十二月二十二日）……110
膝塗り（十二月一日）……111
八日焼き　針供養（十二月八日）……112
穢浄（十二月吉日）……113
だいしこさん　大師講（十二月二十三日）……113
餅搗き（十二月二十七日の頃）……114
鰤市（十二月二十八日）……115
大晦日（十二月三十一日）……116

第五章 いろいろな思い出

地域の共同作業……120
　道路の整備清掃……120
　堤普請……121
　茅葺屋根の葺き替え……122
三成町の大火（昭和二十年四月十八日）……124
戦時中の学校……129

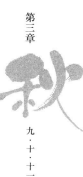

第六章　昔話や子どもの遊びなど

幼い頃、母さんたちに語ってもらった昔話
和尚さんの砂糖壺と小僧さんの昔話 …… 138
欲張り猿の嫁取り …… 140
和尚さんの帽子と小僧さんの昔話 …… 142
子どものころの遊び …… 144
兵隊ごっこ　戦争ごっこ／輪とび
ぺんぺん（おはじき）／ゴム跳び
ぺったた（めんこ）／コマまわし／釘立て
自転車のリームまわし／缶蹴り／魚釣り／水泳
タケダ（クワガタ）採り／桐の木の虫取り
蝗取り／へいこ蜂取り／テテッポさんの観察
物を作って遊んだこと …… 155
羽根突き／杉の実鉄砲
じーご玉鉄砲（竜のひげの実を弾に）／紙鉄砲
バカ（こしあぶら）の木で刀作り／竹スキー
竹トンボ／竹馬／凧揚げ

第一章

春

一・二・三・四月

元旦（一月一日）

「もういーくつ寝るとお正月」

待っていた新しい年がきた。元旦は、なるべく早く家族全員で氏神様にお参りすることから始まる。

零時が過ぎ、元旦となると、まず雑煮《ぞうに》を作り、正月飾りした「としがんさん」（歳徳神《としとくじん》のこと、としとこさんとも言っていた）と大黒《だいこく》さんにお供えし、家族もいただく。

元日の朝、私のおじいさんの時代、昭和十年頃までは、家の主人は若水《わかみず》を清水池《しみずいけ》に汲《く》みに行き、神様に供えた若水で雑煮を作り、それを神様に供えることになっていたようだ。

仁多《にた》町誌をみると、

「新玉《あらたま》の年の初めに柄杓《ひしゃく》とりて、万《よろず》の宝みな汲み上げる」

と唱えながら、明《あき》の方《ほう》（恵方《えほう》）の山か井戸に行き、

「新玉の年の初めの若水《わかみず》を今ぞ汲み取る」

と唱えて若水を汲むとある。

若水を汲み、雑煮を作り神様に供える行事は、神様に対し、けがれのない男性がすることになっていた。しかし、父の話だと、日頃女性は野良《のら》仕事の上に家族の食事まで作り、

休みなく頑張って働いているのだから何か理由をつけて女性を休ませ、男性が料理したのではないかとも言っていた。

できた雑煮は、父が正月飾りした床《とこ》の間《ま》のとしがんさんと大黒さんにお供えした。その後、家族も柏手《かしわで》を打ち、お祈りした後、みんなで雑煮をいただいた。また正月には欠かせない縁起がよいとされている数の子、からんま（田作《たづくり》）、黒豆もいただいて、いよいよ氏神様を祀る神社へ初詣《はつもうで》に行ったものである。

当時、正月にはほとんど雪が積もっていた。それがまた大雪ときている。約二キロメートルの道を歩き、氏神様にお参りするのは並大抵なことではなく大変であった。家族全員で、小さい子どもはおんぶして、暗い夜道を行くのである。防寒具はマント（袖のない外《がい》套《とう》）や、ケット（毛布）、インバ（広い袖のある外套）でのお参りである。

車のないころの暗い夜、雪道は踏み固められた一本道で、明かりは提灯《ちょうちん》かよくて懐中電灯一本、一列縦隊で歩くと人の影で暗い。積もりに積もった雪が踏み固められた幅の狭い道は、少しでも足を踏み外したり滑らしたりすると、ずどんと深く足が落ち込むので本当に大変であった。

初詣は、どの家庭も同じ頃だ。途中でよく隣り近所の家族に会うのだが、この時ばかりはお互い挨拶はしないのが慣例。氏神様への挨拶、即ち参拝が優先されており、お互いお参りがすんだあと顔が合ったら、はじめて新年の挨拶を交わしたものである。

雪道の落とし穴現象

太陽の当たるよい天気の日、午後くらいになると、積もった雪が踏み固められた雪道に落とし穴現象が起こった。

人が歩いてできた一本道は上だけ硬くなっており、日が当たると上の方から柔らかくなる。水を含むと、道を踏み外さなくても時々ずどんと深く足が落ち込むようになる。雪がだんだん柔らかくなるにつれ、しょっちゅう落ちるようになり、歩けたものではなかった。

こうした日の学校帰りなどは本当に疲れた。

雪深い中での生活を経験された方は記憶によく残っていると思う。

チンカラコ

ここでもう一つ天気に左右される雪の現象について述べることにしよう。

何日もかけて雪がたくさん積もった後、二〜三日太陽が照り、よい天気がつづき、雪の表面が程よく解けた状態で、夕方より急に冷え込んで放射冷却が進んだ朝は、「チンカラコ」がおきる。積もっている雪の上が凍って硬くなり、野原、田んぼ、畑、どこでも飛んだり走ったりして遊ぶことができ、楽しく遊んだ。

このような日の登校は、もちろん道路沿いの畑、田んぼを歩いて行ったものである。その方がずっと歩きやすくもあった。

しかし、山の影、木の下などの凍っていないところや、日が当たるにしたがって雪が柔らかくなったところにはまって大騒ぎもした。

雑煮

地方ごとの風習によりいろいろな雑煮があるが、ここではもちろん奥出雲《おくいずも》に伝わる雑煮の紹介となる。

まず大きな鍋の底に藁《わら》で編んだ薦状《こもじょう》の下敷きを置き、餅が直接鍋の底に当たらないようにして、溶けにくく、ひっつかないようにする。湯が沸騰したら、餡《あん》のない平餅《ひらもち》を入れる。

食い汁はいりこだしで、醤油味の澄まし汁。椀に汁を少し入れ、炊けた餅を入れ、汁を程よく調整し、上に生のり（かもじ海苔）、かつお、するめをのせてできあがり。

生のりは、酒と雑煮の澄まし汁で溶いたものを使う。これは、奥出雲地方独特のもので、特に十六島《うっぷるい》の生のりがよいとされた。当時も結構な値段がするものであった。そのため、のりだけは普段あまり多くはいただけなかった。

しかし正月、おじさんおばさんの家に行った時などは客人扱い、生のりなどが豊富にのった格別の雑煮が出され、一段と美味《おい》しくいただいた。

また、雑煮にのせるするめは胴の部分を使う。中央に穴ができない程に締めて筒状に細かく巻き、解けないよう、しぶ藁（稲穂が直接付

いていた部分の藁）で結び、正月料理の黒豆と一緒に煮る。これを三ミリメートルくらいの幅に切った渦巻き状のものを二〜三個のせる。

とてもシンプルな雑煮ではあったが美味《うま》かった。今でも正月にこの雑煮を食べると、昔の懐かしさと相まって、その格別な味と当時の記憶が甦《よみがえ》る。

ちなみにこの雑煮は、元旦、二日、三日、五日、十五日、二十日、二月一日の朝食には必ずいただくことになっていた。

としがんさんにお供えした雑煮は、元旦、二日、三日までは、お椀の餅をそのままに上へ上へと積み上げお供えしていく。三段重ねになった餅は四日には下げ、藁で作った網袋のような藁しぼに入れて軒下に吊るし、乾しておく。病気をした時に、これをどろどろになるまで煮込み、食べるとよいと伝えられ、食されていた。

当時の雪深い山里は話題も少ないせいか、よく学校で「正月はお餅をいくら食べたか」なんて聞かれることもあってか、よく兄弟で競争して食べ、十個くらい食べたことを憶えている。粗食の時代とはいえ大きな胃袋をしていたものだ。

家族が多い当時は餅を煮るのも大変であった。一回で煮ることができず二〜三回に分けて煮るので、煮えるまで食べることを休憩して食べたものだ。

餅についてだが、正月には二種類の餅があった。一つは現在のものと変わらない同様のもので「よい餅」と言っていた。もう一つは「粉餅《こもち》」と呼ぶものであった。

粉餅は、米を選別する時、米選機《べいせんき》（長さ一メートルくらいの鉄線を幅五〇センチメートルくらい多数並べて張り、間隔はよい米は落ちないよう、小さい屑米《くずごめ》は落ちるよう調節できるもので、米が滑り落ちる四十五度以上に鉄線を縦に傾斜させ、上から米を均等に流して選別するもの）の下に落ちた品質の悪い屑米で作る餅のことで、精米して水洗いし、干して米にひびを入れ乾燥させたものを石臼で挽き、繫《つな》ぎに一割くらいの餅米の粉を混ぜ、捏《こ》ねて四センチメートル位の塊にちぎって、じいごしき（杉板で作った箱で、底は竹のすのこを敷いた蒸し器）で蒸して、搗《つ》いて作る。

よい餅を少し食べた後、粉餅が茶碗に盛られて出される。粉餅は普通の餅より歯切れがよいが、やはり屑米で作ったものだけに美味くはなく、嫌々食べたことを憶えている。

しかし、粉餅も屑米を使わなかったり、屑米でも餅米の粉の割合を多くすれば、それはそれなりにまた美味しいが通常は屑米で作るので家族用の餅であった。

正月年始にくるお客には昼どきでなくても雑煮をふるまう習慣があったが、その時は失礼と考え粉餅を出すことはなかった。

事始《ことはじ》めの行事　その一

初詣が終わった後は年の初めと称し、何事も「初《そ》め」の行事が控えていた。

書初《かきぞ》め

子どもも大人も書初めを行なった。

書初めは学校の宿題でもあったが、これとは別にとんどさんで焼く書初めとしてその年の明《あき》の方《ほう》（恵方）に向かって書き、床《とこ》の間《ま》の正月飾りのとしがんさんにお供えした。

縫い初め

女は縫い初めを行なった。縫い初めもやはり明の方に向かい、譲《ゆずり》葉《は》二枚を表を外にして合わせ、麻糸《おいと》で縫って松飾りの松にかけお供えする。

また中折《なかおり》を使い麻糸で縫い袋を作り、白米一升を入れて縫って封をしたもの二袋をとしがんさんにお供えした。

としがんさんにお供えした米は苗代《なわしろ》の種蒔《たねま》きの日に炊いて使うので、松おろしまでお供えし保存しておいて使うことになる。

麻糸《おいと》について

麻の繊維は非常に強く、化学繊維のない時代には重宝され、当時の農家では隔年ごとぐらいに麻を畑で栽培して使っていた。

春に麻の種（七味やいなり寿司に入っている。噛むとぷつぷつ音がし香りがよい実）を蒔く。夏が過ぎる頃になると、麻の丈は一・五～二メートル、太さは一～一・五センチメートルくらいになる。これを刈り取り、葉を取る。葉を取るのに刃物を使うと皮の繊維に傷がつくので竹の棒で削《そ》いで取る。幹だけを直径一〇センチメートルくらいの束に束ねる。これを蒸して皮を剥がねばならない。長いものを蒸すのは大変である。

和紙の材料である三椏《みつまた》、楮《こうぞ》の皮を剥ぐ前に蒸す専用の大釜と、その釜の上に乗せる蒸し桶があればよいのだが、それは特定の所にあるだけで普通の家にはなかった。だから当時は予《あらかじ》め日時を決め、近所四~五軒共同で他の方法により蒸された。

麻《あさ》の作り方

山裾《やますそ》の道沿いで水の便がよい堤のあるところに、麻を蒸す窯が作られていた。

麻を横にして入れる。麻の根元部分が幅・深さとも二メートルぐらいで麻を入れたとき上部が水平になるよう麻の先端に向かって徐々に浅く掘ってある。麻を入れたときの根元部分には、直径二〇~三〇センチメートルの重ねやすい石を麻の高さまで粗く積み上げる。積み上げた石の前面に焚き口を設ける。石がよく焼けるように火が通る間隔を作って石組する。それらの部分は土や粘土で覆い断熱してある。

積み上げた石の上部の一部は煙道と焼き石に水をかける兼用の五〇センチメートルほどの穴が作ってある窯だ。

焼く石から若干離して麻を入れ、麻の上には広い葉のついた木の枝をやり筵《むしろ》で覆い、さらに土をかけて蒸気が漏れないようにする。麻の先端だけは少し開け蒸気の出口とする。

焚き口から火を焚き、石を充分に焼く。石が焼けたのを見計らって

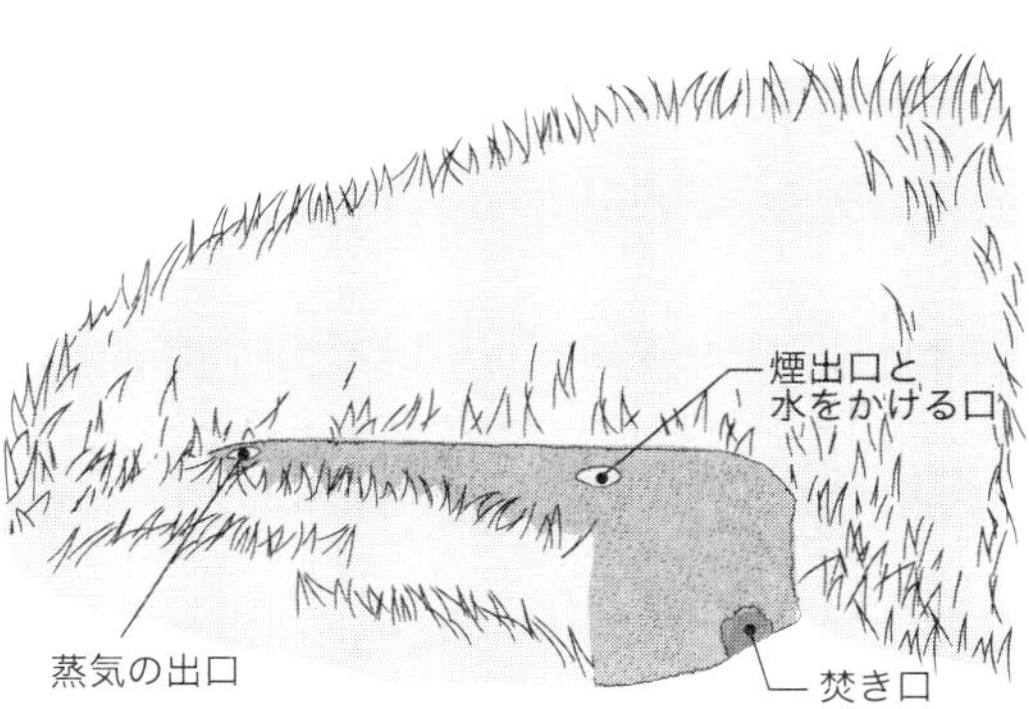

麻を蒸す窯

焚き口を塞《ふさ》ぎ、煙の出し口からバケツ一杯水を入れる。入れると焼け石に水で、もの凄い蒸気が発生し吹き出す。

その蒸気を麻の方に押し込むために、水を入れた口を二人交互で素早く団扇《うちわ》のように作った青葉《あおば》のついた木の枝で強く何回も蒸気を叩き込む。

また水を入れては叩くと蒸気は積んだ麻の中を通って先端より出るようになる。

こうして蒸すのである。

蒸し上がったら、土を取り、筵なども取り、麻を出して水につける。庭などに棒を立てて麻の根元の皮を手で少し剥ぎ、立てた棒に皮と茎を分けて引っ掛け、両方一緒に引っ張り、剥ぐ。

これを天日で干して乾燥させて仕上げる。色は黄土色で通常はこれを使用する。これを麻《あさ》と呼んでいた。

剥いだあとの茎は麻幹《おがら》。白いきれいな茎なので、よく乾かして茅葺《かやぶ》き屋根の裏などに使われ重宝されていた。

今でもお盆の迎え火、送り火に使ったりしているのがそれである。

麻《お》と呼んでいたものは、木の灰に水をかけて作った灰汁《あく》で麻をよく煮たてて、川でよくさらし、洗って乾かした白い繊維のことである。

おもに、糸車で縒《よ》りをかけ、麻糸《おいと》を作り、色々なものに使用された。布も織られた。

特殊な使い方としては、水にも強いので水道の配管、蛇口の取り付けなどシール材としても使用されていた。

譲葉《ゆずりは》・もろもき・橙《だいだい》について

正月飾りには譲葉、もろもき、橙を使用する。

譲葉は他の木とは違い、新芽が出ても古い葉は新しい葉が完全に成長するまで一年以上落ちないでいるので譲葉、代々うまく続く意味で縁起がよい木とされている。

もろもきも同様な芽の出方であり、縁起を担ぎ使われている。また葉の裏が白いので、共白髪《ともしらが》の白にちなんで縁起を担ぎ、裏をだして飾るのである。

橙は、代々と呼称が共通しており、また実の元が少し膨らみ段がついており二重で縁起がよいとされているようだ。

事始《ことはじ》めの行事　その二

その年に初めて行なうときは、何事も明《あき》の方《ほう》（恵方）に向って行なったものである。

搗《つ》き初《ぞ》め

まず床の間の正月飾りのとしがんさんの前に、板箕《いたみ》（厚さ五ミリメートルくらいの板で作った扇形の箕《み》）を置き、その上に一升枡《ます》に玄米一升を平らにきちっと量って置く。

「としがんさん、こおから（これから）米を搗きます」と拝む。臼のあるところで米を搗く。

搗き終わると、再びとしがんさんの前に板箕を置き、その上で、今度は一升枡の底を上にして置き、お米を山のように盛る。するとさっきの一升のお米は余って板箕に残る。

この状態で供え、

「搗いた米がこげんよけえになあました、こげんええ米が今年もたくさんできいやあに（搗いたお米がこんなに増えました、こんなよいお米が今年もたくさんできますように）」

と拝んで終了する。

掃《は》き初《ぞ》め

一月三日、毘沙門《びしゃもん》さんの日に行なう。

その日まで掃くことはできなかった。福が逃げるというのだ。

毘沙門様が来られてから、まず内側に向かって、

「福が入り込んますように」

と唱えながら掃くのだ。それから、やおら普通のように外に向かって塵《ごみ》を掃いたものである。

ちなみに三日までが、大正月《おおしょうがつ》である。

山《やま》入《い》り

山仕事に対する安全祈願を兼ねての行事である。

米袋（布袋）に餅一重ねと奉るための白米少々を入れ、鋸《のこぎり》、鉞《まさかり》を持って我が家の山に行く。

直径五～一〇センチメートルくらいの小楢《こなら》の木、そのまま担いで帰れるくらいの木を見定め、明の方に向かい袋から餅を出してお供えし、米を奉り柏手を打って、

「今年もあいまちなどせんように（今年も怪我などしないように）」

と安全祈願をしてから切り倒し、枝が付いたまま木をえなって（担いで）我が家に帰る。そして庭で枝を少し整理し、縄で枝を絞りながらぐるぐると巻く。その時に竹の枝も入れてしっかり絞る。

また縄で先端から幹の中間どころに強く引っ張り、止めると、形が稲穂のようになる。これを庭の片隅の大きな木に立て掛けて終わる。この立て掛けた木は後日苗代の種蒔きの日に使うもので、その時までこのまま立て掛けておく。

こうした事始めの山行《い》きが終わらないと山には入れない慣わしとなっていた。

年始まわり

家の主人は年始まわりもある。

よこや（神主）さん、お医者さんに、米を米袋に入れ持参して年始に行く。また親戚

（おじさんおばさんの家）にもなるべく早いうちにお互い年始に行き来した。ときおり子どもも同伴でき、その時は本当に嬉しく楽しかった。

藁《わら》仕事

農家の一月から三月までは農閑期《のうかんき》。雪も降るので藁仕事（藁細工）、山仕事、行事ごとをしながら、どちらかといえばのんびりと過していたように思う。

藁仕事は、稲藁を使って草履《ぞうり》、足なか草履、脛巾《はばき》、草鞋《わらじ》、つまご、深靴《ふかぐつ》、にかわ、蓑《みの》、背中ちなどを作った。

足なか草履は野良《のら》仕事に履く足半《なか》ばまでの短い草履で、濡れたところを歩いても跳ねが上がらない。脛巾は山仕事に脛《すね》に巻くもの、つまごは冬に草鞋を履く時冷たいので、足半ばまでの足袋《たび》状に編んだもの（踵《かかと》はタオルのような布を巻き、つまごを履いた）。深靴は藁で作った長靴。にかわは荷物を負う時に使う長さ四メートル、太さ二センチメートルくらいの綱。蓑《みの》は農作業に使う雨具。背中ちは荷物を背負う時に背中が痛くないように当てるもので、丸太の木、割り木など硬いものを背負う時に使う分厚い楕円のリング状のものと、草など比較的柔らかいものを背負う時に使う背中くらいの大きさの蓑状の薄いものと二種類ある。

籾《もみ》、玄米を入れる俵は、今のような紙の袋ではなく藁で作った俵であり、中の米は容量で七二リットル、当時の尺貫法（現在容量で市販される一八リットル＝一斗単位などのものは尺貫法の流れ）では四斗、重量で六〇キログラム、当時の単位で一六貫目《かんめ》であった。

その後、入れ物は俵から筵《むしろ》で作った四角い袋の叺《かます》になり、次に現在の紙袋となる。容量も半分の三〇キログラムとなった。

俵の両側にあて縄で編んで蓋をする桟俵《さんだわら》、筵、円座《えんざ》など、日頃農家で使ういろいろなものを藁で作った。材料の稲藁だが、特に永く使用するものや、綺麗な細工をする時には、繊維がかたく長く、色のよい「亀治」という品種の稲藁が使われた。ちなみにこの稲は、安来市荒島町の代々松江藩の倉番をしていた広田亀治が、職業柄、よい米を作りたいと品種改良に着手し、明治八年に、倒れにくくいもち病に強い、穂の丈も長い新品種を作った。この藁が、藁細工に適していた。

現在も、広田亀治の功績を讃えて、ＪＲ荒島駅から西に、旧国道九号沿い三百メートルのところに亀治公園があり、碑と銅像が立っている。

稲藁は、石の上で、横槌《よこづち》という直径一五センチメートルくらいの丸い木で取っ手がついた道具でよく叩いて柔かくして使われた。

叩く場所は、玄関を開けた中にある広い三和土《たたき》、おしのわの隅《すみ》に、川から取り寄せた直径四〇センチメートルくらいのこんもりとした滑《なめ》

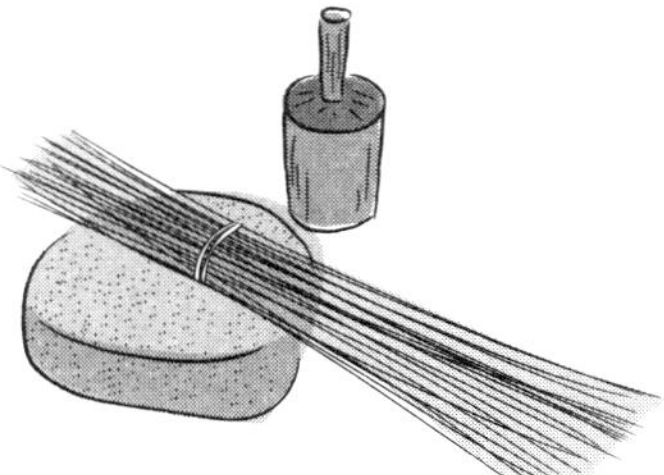

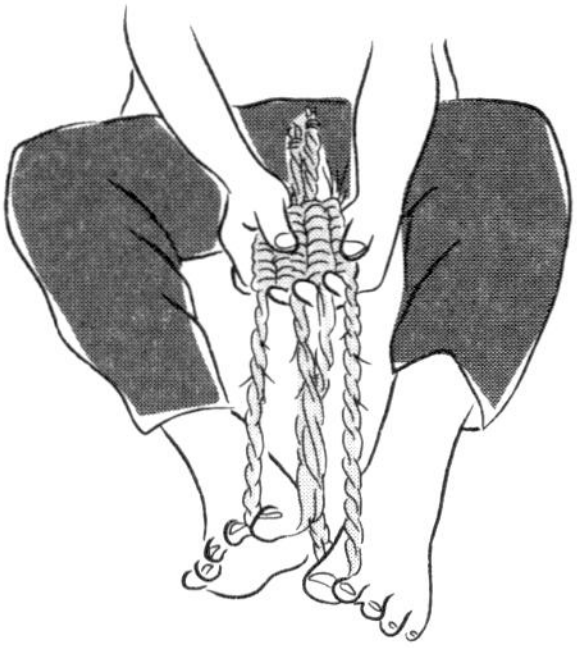

らかな石が半分くらい埋め込んであるところで、稲藁の袴《はかま》をそいで取った藁を束ね、円座に座り、藁を回しながら叩いたものだ。

「おしのわ」は、玄関の中の土間《どま》のことで、「内庭《うちにわ》」がなまってしまった言い方か、または、以前は家の中に牛を飼っていて、まや（厩《うまや》）の前が広く庭のようになっていたので、「牛庭《うしにわ》」が「おしのわ」になったかであろうと思われる。

当時農家の土間はいろいろな作業に使われていたので相当に広いものであった。

現在、土間といえばコンクリートだが、当時はなかったので三和土と称するものでできていた。

強い粘土に苦汁《にがり》（塩を作るとき出てくるあくであり、豆腐を作る時、固めるのに使うもの）を混ぜて叩き締めたもので、きめの細かい硬い、古くなると黒光りがしていて砂など一切ない綺麗なものであった。

そこに筵を敷いて藁仕事などがされていた。

この時期菅《すげ》細工も行なわれていた。

初秋、山に出かけ菅を刈り、日に干して乾燥させると菅特有の薄水色の干し草となり、菅細工の材料ができる。

これを使い笠や蓑、脛巾《はばき》などが作られた。

菅で作ったものは藁などで作ったものより軽く、また雨で濡れても重くならず重宝されていた。

また稀であったが、耐久力のある棕櫚《しゅろ》でも蓑が作られていた。

山仕事

農閑期の天気がよい日などは、それぞれの家が所有する山に行き、年間使用する薪《たきぎ》を作る作業が山仕事だ。

雑木《ぞうき》を切り倒して、幹は三尺《じゃく》の長さに切り、割ってその場に積んで、芝《しば》、笹《ささ》などで屋根をし、何カ月も乾かし、軽くなってから持ち帰る。また、丸太をすぐに猫車《ねこぐるま》（一輪車）に載せたり、背負ったりして持ち帰り、庭で割り、軒下に積んだ。

また切り倒した木の枝は、一メートル五〇弱くらいの長さに切り揃えて、直径五〇センチメートルくらいの束にして背負って帰り、薪として軒下で乾燥保管された。


炭焼《すみや》きも冬の山仕事であった。

粘土で作った炭焼き窯の上に、茅《かや》の屋根を設けて炭焼き小屋を作り、窯に長さ三尺の生木を立ててぎっしり詰めこむ。窯の大きさにより時間が違うが、昼夜火を焚き続けて、窯の中の生木に火をつける。火がついてからは、空気を多く入れて早く焼くと、木が灰になってしまうので、空気を極力少なく取り入れるよう調節しながら時間をかけてゆっくりと焼く。

長年の経験で煙の色、煙の温度をみる。温度計がないときはマッチ棒を煙突にかざして数を数えて火がつく時間で決断し、煙突と焚き口を完全に粘土で密閉して火を消す。一週間くらいかけて中の火を完全に消してから、窯を開け炭を取り出し、鋸《のこぎり》で適当な長さに切って、できあがる。

だが早く密閉すれば炭頭《すみがしら》といって黒くはなっているが部分的に木の部分があり使う時に煙が出る炭ができるし、遅く密閉すればするほど炭が灰になってしまい歩留《ぶど》まりが悪くなる。この仕事は大変な経験と技術が必要であり、誰でもが簡単にできるものではなかった。

それにかえ、簡単な炭焼きもあった。

山にした籾殻の中に生木を何本か入れ火をつける（籾殻が焼けても木が現れないようにする）。酸素が少ない中で長い時間をかけ生木が焼かれ灰にならず残る。取り出して湿った灰に埋めて火を消すと、量は少ないが良質な炭ができた。

三が日（一月三日）

三日は毘沙門様の日。子どもたちにとって、この日も心待ちにしていた特別な日であった。毘沙門様がお金を持ってきてくれる日である。

この日は、夜が明けない早い朝からの行事。家族みんなが早起きして、毘沙門様が入ってこられるように雨戸を少し開けておく。雑煮を作り、父が神様にお供えする。その後みんなで雑煮をいただく。

食事が終わった後、子どもたちは居間の炬燵《こたつ》で今か今かと待っている。

やがて父が、

「そろそろ毘沙門様がこられたじゃあないか、様子を見に行ってみたら」

と兄弟の下の子に話しかける。

下の子は兄弟にせかされて、正月飾りの床の間に行くと、そこらあたりに五銭、一〇銭などの硬貨が撒《ま》かれている。

「お金があった、あった」

と大騒ぎ。兄弟そろってお金を拾う。お金が見えるのもあるが、正月飾りの中に隠れていることもあるので、暫《しばら》く探しながら拾う。もうないとみたら、今度は台所の大黒《だいこく》さんのところに移動して兄弟それぞれでお金を拾う。

こうしていくら拾ったか、それぞれ発表しながら自慢し、最後に集計する。その時父が聞いていて、お金を撒いた金額と違っていたら、

「もう少し探してみたら」

とつぶやくように言う。そうなったらまた探しにかかる。

こうして拾ったお金は、最後に平等に分けてもらい、それが正月のお年玉となったものである。

この頃になると、床の間の松飾りの昆布がちぎられ少しずつ減り、するめの足も減って

いった。子どものいたずらで、わからないように少しずつ取って食べた。しかし取る量は少しでも、何人もの子どもが取るので大きく減り、発覚して叱られたものだ。

また、神葉草《じんばそう》（ほんだわら）の袋を潰《つぶ》すと音がするので面白い。しかし、これを潰すと「大風が吹くから駄目だ」と言われ、これも叱られた。

坊主正月《ぼうずしょうがつ》（一月四日）

この日は、ばあじ正月といった。元日からこの日まで仏壇は閉めたままでお供えはしなかった。普段はご飯を炊いた朝は必ず仏壇と大黒さんにご飯をお供えした。お供えする量だが仏様は少し少なめに、大黒さんには、ほんの二～三粒を供えた。少なく供えることで、「私どもの家は貧乏しております」との表現になり、それをみて大黒様が貧乏しているなら少し恵んでやろうかと思われて福がくるようになるとの謂《いわ》れからである。

この日の朝は黄粉餅《きなこ》を作り、仏さんにお供えし、神様のお供えは休みであった。朝食は今年初めての黄粉餅を食べた。この日、父は米を米袋にいれて菩提寺《ぼだいじ》の寺に年始に行くしきたりであった。他の年始まわりはしないことになっていた。

一月六日

この日は、七日の七草粥《ななくさがゆ》の準備として野と畑に行き、明《あき》の方に向かって七草を採り、洗って神様にお供えした。

春の七草は、せり、なずな、ごぎょう、はこべら、ほとけのざ、すずな、すずしろだが、雪深い季節には採れない草が多い。すずなの蕪《かぶ》は、とし蕪ともいう地蕪《ぢかぶ》、すずしろの大根、せりを採る。せりは、水気の多いところに生えているので、そんなところは雪が少なく案外と採りやすかった。採れるのはこれくらいで数が少なく、お粥を作る時は神葉草なども入れた。

七草（一月七日）

この日は、今でも行なわれている通りの七草粥をとしがんさんにお供えし、朝食としていただいた。

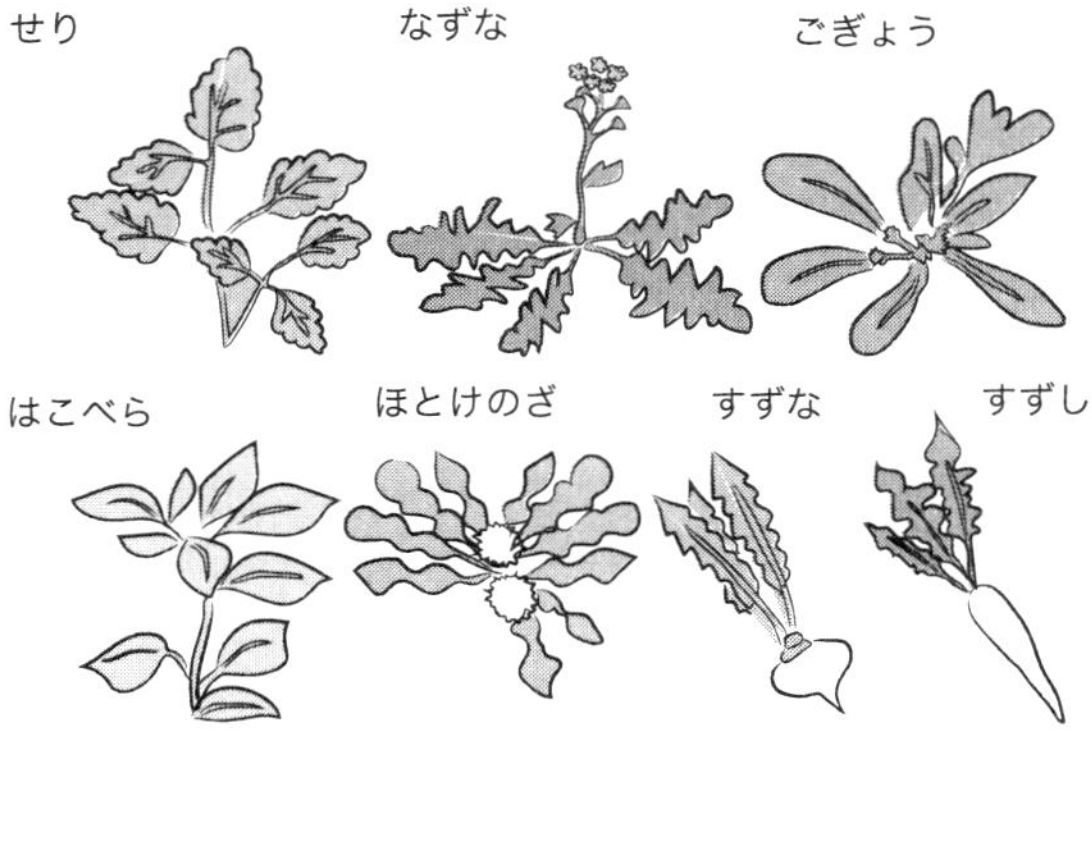

春の七草

松おろしと鏡開《かがみびら》き（一月十日）

この日は松おろし。床の間や大黒さんの松飾りを外して片付ける日。

床の間の松飾り一本は、たんぼの田打《たう》ちの行事用に、もう一本はとんどさんの行事用に、また大黒さんの松飾りは田打ち行事の畑用に分け、前もって野山から採ってきておいた卯木《うつぎ》（うつぎの実がなった形が稲穂のようだから縁起を担いでか）とススキの穂をそれぞれに添えて軒下に片付けておく。神葉草は保管しておき、お粥を作った時などに刻んで入れて食べた。

「ほうじきの木」といっていた、やまぼうしの枝につけた花餅《はなもち》は、かたくなっているので手で割って枝から外し、よく乾燥させて節句のあられ用に保管しておく。

夕方になると、父が風呂に入り体を清めてから、鏡餅をおろして切る鏡開きである。通常の鏡開きは十一日、翌日であるが、翌日は朝早く田打ちの行事がひかえているためであろう、前日に行なった。

新しく作った筵の上に、牛の餌にする草や藁を切る押切《おしぎ》りをきれいにして置き、重ね餅十二組の鏡餅をかき餅よりやや大きめに切り、餅など入れて保存する木の箱、もろふたに収められた。この中で二個だけ、一〇センチメートル角くらいの四角な餅を特別に作り、翌日の田打ちに備える。

田打ち正月（一月十一日）

この日も朝からの行事がまっていた。家族全員でまだ夜が明けない暗いうちに耕し初《ぞ》めに行く準備をする。

防寒のマントを着て、父は前日おろした松を提《さ》げて、他の者は、鍬、前日作った四角の餅、奉る米、御神酒《おみき》、酒の肴《さかな》のいりこ、するめを重箱に入れ、分担して持ち、我家の田んぼに行く。

田んぼのまん中で、父が明《あき》の方に向かい鍬を持ち、

「一鍬《ひとくわ》に千石《せんごく》、二鍬《ふたくわ》に万石《まんごく》、三鍬《みくわ》に数知れず」

と唱えながら鍬で三回掘り起こし、持ってきた松の木、卯木《うつぎ》、かやの穂を立てる。

そして米、御神酒を奉り、「今年も豊作になあますように」と祈る。みんなも御神酒と肴をいただきお祈りして終わる。

次は畑に行き、同じやり方で大黒さんに飾ってあった松の木と卯木、かやの穂を立ててお祈りし、行事は終わりとなる。

帰ってから朝食である。この日は鏡開きしたお餅で小豆《あずき》雑煮（ぜんざい）をいただくことになっていた。

とろへん（一月十四日）

この夜、兄たちがマントを着て行事をしに出かけたことは覚えているが、ここに記述するほど詳しくは覚えていない。

地域が少し違っても慣わしは変わるが、仁多町誌で紹介されていることが、大方の行事であったであろう。

とんどさん　小正月《こしょうがつ》（一月十五日）

とんどさんの前日には田んぼに枝付きの青竹を立てて準備をしておく。当日、朝早くといっても明るくなってから、前日用意した青竹のところに、松おろしの日にとんどさん用としておいてあった松、しめ縄、藁で作った飾りのはかま、ふくらしの木（別名ふくらしば、またはそよご）など、正月飾りに使ったもの、また古いお札《ふだ》などと藁でグロ（寄せ集めたかたまり）を作り、家族みんなで立会い、御神酒を奉り、いただき、火をつけて燃やした。

火の勢いがよくなったところで、正月に書いた書初めを鎌の先に一枚ずつからませ、火にかざして焼く。すると書初めは火にあおられ燃えながら空高く舞い上がっていった。それが高く上がれば上がるほど字が上手になるという謂れで、誰の書初めの灰が高く上がるのか、おおはしゃぎして見た。内心、自分の灰が高く上がるようにと念じながら見ていたものである。

そのうち、真中に立ててあった竹が焼け、「パーン」と大きな音をたてて倒れていく。倒れ方にも芸が細かく仕込んであり、明《あき》の方に倒れる。前日竹を立てるときに竹のしなりを見て立ててあるのだ。竹が焼けていくほどに節の数ほど音を立てて裂け、とんどさん気分は盛りあがった。またその頃になると、とんどさんは各家々でやるので、あちらこちらで「パンパン」と音がした。

だんだんと燃えて熾《おき》ができてくると、「焼《や》き初《ぞ》め」が始まった。

平餅やするめを割った竹に挟んで焼いた。なかなかうまく焼けず、よく黒焦げになってしまったものだ。焼いた餅、するめは神様にお供えし、のちほど下げて家族全員分けて少しずついただいた。

この焼き初めの日より以前に焼き物をする

と大風が吹くという謂れがあり、それまで焼き物は一切しなかった。またこの日は小豆粥を作り神様にお供えし、家族もいただく。

この小豆粥を使っての行事もあった。

茶碗に小豆粥を入れ、箸を持って、一人は鉈《なた》を持ち、二人で柿の木が生えているところに行き、鉈をもった一人が、

「今年は柿が、なあかならんか（なるかならぬか）、ならんと切《き》っちゃあぞ」

と唱えながら二回幹に傷をつける。

もう一人は、

「なあます、なあます（なりますなります）」

と唱えながら傷をつけたところに小豆粥をつけて終わる。

その家にある柿の木それぞれにこうして回ったものである。

廿日《はつか》正月　灸《きゅう》の日（一月二十日）

この日は灸の日である。

昨年秋に畑でできた箒《ほうき》の材料のきびがらで作った新しい箒の持ち手の縛ってある間、三カ所に、それぞれ大豆粒の大きさの艾《もぐさ》をのせて線香で火をつけ、玄関の敷居、居間の敷居

の上に置き、何か唱えながら行なわれた。しかし、その唱える言葉も謂れも今となっては聞く人がいない。わからないのは残念だが、こうした行事があったことはよく覚えている。常日頃、

「敷居は家主の頭だから、歩く時、敷居は踏まずに跨《また》がって歩け」

と言われていたから、おそらく家族に禍《わざわい》がないようにと願っての所作《しょさ》であったと思う。

兎《うさぎ》追い

冬、雪がよく降る農閑期は家の中でもっぱら藁細工《わらざいく》などの作業をしていたが、男衆《おとこしゅう》は、趣味と実益を兼ねて時々兎追いをやっていた。

一般的なやり方は、雪が降り、山に白く雪が積り、下草《したくさ》が隠れてきて山の中の見通しがよくなった頃、近所の人同志、誰とはなしに話がまとまり、五～十人くらいの人数で朝から始まる。

元来、野兎は夜行性なので、午後からの兎追いなどはなかった。

今日はどこの山にするか決めて、なるべく静かに山に入り、尾根に向かって登り、尾根の形状を見ながら、三反くらい網を張る。

兎は追われると必ず山の上に向かって走り、尾根を越えて逃げる習性があるので、それを利用して尾根に張るのである。

網の張り方は、地上一メートルくらいの木の枝の先に約二メートル間隔にかける。枝がない場合は木の枝を切り、雪に挿してかける。

網の重みで少したわみができる状態にして、兎が飛び込んできた時、うまく網が落ちて絡むようにかけることが重要なコツである。

また兎が走ってくる方に必ず木の枝、雪に挿した枝があるようにかける。そうしないと兎が掛かったとき、枝が邪魔をして網がうまく落ちてこない。

もう一つ注意して張らねばならないことがある。それはあまり高く張らなくてもいいから兎が飛び込んできたとき、下が開かないように充分余裕をもって下に垂らしておくのが秘訣だ。

網の材質は麻《お》、前に述べたように麻《あさ》を蒸して皮を剥ぎ乾かしたものを灰汁《あく》で煮たてて川でよくさらして洗い、乾かした白い繊維を糸車で紡いだ糸である。

太さ二ミリメートルくらいの糸で、約五センチメートル角の網目の網、鯨尺《くじらじゃく》で幅三尺、長さ一反のものであった。メートル法にすると鯨尺一尺が約三八センチメートルであるから、幅一メートル一四、長さの一反は二丈《じょう》八尺であるから一〇メートル六四となる。三反だと三〇メートル余り、網を張ったことになる。

網を張り終えると、一人網番《あみばん》を残してみんな山の麓《ふもと》におりて仕掛けた網に向かって追うのである。

人数にもよるが三〇メートルくらいの間隔で、少しU字型の配置で、

「オーイ、オーイ」

と大声を張りあげながら網の方角をめざして山を登る。

　雪が積もっているので大変だが兎が獲れる楽しみが身体を動かす。はまり込んだ足をもちあげようとしても笹などに引っかかり思うように進めない。でもみんなに遅れないよう木の枝などにつかまりながら進む。途中兎を見ることもある。大方網に近づいたところで、網番が兎が獲れたとか、逃げていったとか大きな声で知らせる。

　やがて合流。獲れた場合網番は、兎が、どのあたりで掛ってどう押さえこんで獲ったか、こと細かに武勇伝《ぶゆうでん》がはじまる。獲れなかったときには、どう逃げていったのか、いなかったのかお互い確認して、次の手をみんなで相談して、どこの尾根に網を張るか決めて同じことを繰り返して追っていくのである。

　何回追っても獲れずにくたびれ損で帰ることもしばしばであった。それでも獲れたときのことが忘れられず、時々有志と兎追いをやったものだ。まさに魚釣りと同じ心境である。

　兎が獲れた時は、山から帰る途中、その日の晩の兎汁の宴会の相談をしながら帰る。どこの家でやるか、誰がさばくか、何時頃からやるか決め、お互い米、野菜などは持ち寄りで行なった。

　さばくのは、畑などに棒を立てて兎を吊るして皮を剥ぐ。剥いだ皮は広い板に広げて、端を細かく釘で止め、乾かして

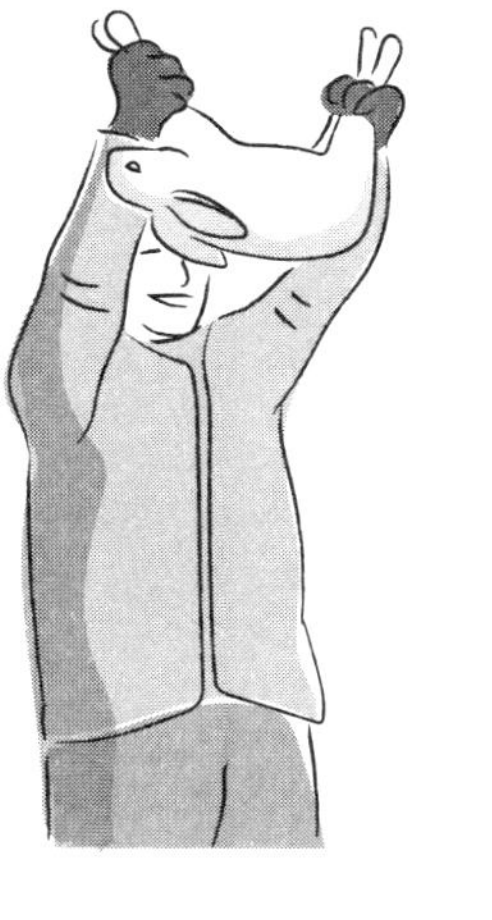

売った。皮を剥いだ後は、もつを出してから、まな板の上で多少骨に肉が残るようにして骨を外す。肉は細切れにして大根、白菜、人参、牛蒡、里芋などと一緒に入れてうさぎ汁を作る。兎の頭、骨は叩きにして団子を作り同じ鍋に入れて食べた。

叩きの作り方も紹介しておこう。

直径四〇センチメートル、高さ二〇センチメートルくらいの平たい川石の上で、かなり大きい直径四～五センチメートルくらいの金槌で、肉が少々ついた骨を叩き潰す。最初はバラバラしたり飛んだりして叩きにくいが、辛抱づよく骨を中へ中へと寄せて叩くとだんだんと粘りが出てきて叩きやすくなる。手で触ってみて硬い骨がなくなれば完成である。これを二センチメートル大の団子にして汁に入れるのである。ダシが出て、これまた美味いものであった。

当時は各家庭で、鶏や兎が飼われていた。

鶏はもちろん卵を産ませるためであったが、卵を産まないようになると、祭りや正月に、可哀そうと思って見ていたが、肉にされご馳走となった。兎も最初から肉用として飼われ、これも正月や祭りのご馳走として食され、皮は前述のとおり処理して乾かし、皮買いが来たとき売られた。

親睦を兼ねた宴会は、兎追いの話で夜遅くまで賑やかに催された。網番がかかった兎を押さえた時、暴れられて引っかかれたが、そこはうまく息の根を止めたとか、ときには逃げられることもあるから、うまく獲れた日は武勇伝が強調して語られた。

兎追いのやり方はいろいろあり、ごく小人数で追うやり方もある。

雪の降らない夜、兎は行動が活発で、朝起きて山の麓に行ってみるとたくさんの足跡がついている。兎の足跡は、前二つ並んで後足の跡があり、その手前に前足の跡が縦に二つあるからよくわかる。雪が降らない日が続くと昨夜の足跡か、その前の晩の足跡か、見極めがつかない。昔の人はよく考えたもので、そうした足跡が消えるくらいの雪が夕方まで降って雪がやんだ夜、天気がよいと兎がよく遊んで足跡を残す。その朝が兎追いの絶好のチャンスである。

まず手ごろな山の麓を兎の足跡を見ながら、一周してみる。兎の足跡があれば山の方に向かっている足跡か、または、その山から出ていった足跡かを見る。そうして見ていくとその山に兎がいるかいないか、何羽くらいいるかがわかるのである。

例えば、山に入った足跡が一つ、出て行った足跡が一つあればプラスマイナスゼロで、いないこととする。入った足跡が七つ、出ていった足跡が五つあれば二羽、山にいることになる。こうしたやり方を「山を踏みきる」と言うのである。

「あの山を踏みきってみたら、兎がいることがわかった。今から兎追いをしよう」

と同志に呼びかけ、兎追いを始める。

追うやり方は前述と同様に、尾根づたいに網を張り追って行く。ただこの場合は、大きな声を出してまで追わなくてもいい。寝ている兎をあまり刺激しない方がいい。むしろ足跡をつけて行くくらいがいい。そうすると、もし兎が網に掛り損ねたとき、尾根を越えてまたもとの寝床に帰ってくる。この習性を利用して、尾根を越えた場所に網を張り替え、もう一度追うことができる。これはかなり確率の高い兎追いであった。しかし、これは里山の比較的小さい山を区切ってするやり方で、どこでも通用する方法ではなかった。

また、その頃は学校でも年に一度は兎追いの日が設けられていた。何分低学年の時の記憶であり、あまりよく憶えていない。と言うのも高学年になった時は、大東亜戦争（太平洋戦争）でそんな行事どころではなかったので、低学年の頃の思い出だけしかない。確か四年生以上が参加して行なわれたと思う。

当時の児童数は、産めよ増やせよの時代だから、四年生以上で二〇〇人は優にいたと思う。それらで追うのでスケールが大きかった。

やり方は、網番と網を張る高学年の児童、猟銃を扱う町内の鉄砲打ちの人たちと、兎を追うその他大勢の児童。網を張る場所は、やはり尾根伝いに、一〇反は張られたと思う。網番は、網を張った後は、等間隔に静かに待機、鉄砲打ちの人たちも網に続く尾根伝いに待機する。鉄砲打ちは、兎が網のない尾根を越えたとき、即ち網に掛り損ねた兎が尾根を越えた時に、鉄砲で兎を撃つことになっていた。尾根を越えたところには人がいないので、それがルールであった。

兎を追う児童は、先生の指示で等間隔で声を張り上げ、

「オーイ、オーイ」

と追うのである。しかし、雪のある山を登るのだから大変であった。

人が歩いた後が少しでも歩きやすいので、つい隣りの友達の後について追う者もいたりするので、よく注意されながら追ったものだ。

尾根に近づくと、終わりの合図があり尾根で休憩となり、焚火の準備が始まる。鉄砲打ち、先生、先輩が生の木の枝を切り、細かい枝を折ったり裂いたりする。また最初に火をつける枝は、特に髭のように細かくしてマッチで火をつける。すると生の木でも火がつく。火がつくと上に細かい枝を丁寧にのせながら火の勢いがよくなるのを待ちながら、少しずつ太い枝木をおき、後は太い木をのせたり枝をのせたりして、何カ所かで燃やされた。

身体は山を登ってきているので、さほど寒くはなかった。だが、足や手が冷たかったので、

「火にあたりなさい」

と言われると、誰もが我先にと火にあたった。しかし、前の方に陣取った者はすぐに熱くなって、後退するほどの火の勢いがあったので自然と輪も大きくなり、全員がよく暖をとることができた。

暖をとりながら収獲の結果が伝えられた。いつも六～七羽くらい獲れていたように記憶している。こうした行事に参加すると疲れた。しかし、一日だけだが学校の昼食に兎汁が振る舞われるので本当に楽しみでもあった。その頃は給食がなく各自が弁当で冷たいご飯を食べていたものだから、特別な温かい兎汁が吸えるとあってみんなが喜んだ。

その日は、汁の材料になる野菜がある人は、少し持ってくるように、また全員汁椀を持

ってくるように言われて、遠足気分で学校に行き、勉強も上の空で昼食の時間を待って、大騒ぎして兎汁にありつき、兎の肉が一つあったとか、二つあったとかお互いに言い合いながら美味しく食べた。これも今頃の子どもたちには味わえない懐かしい思い出の一つである。

鳥追い

私のおばあさんの話によると、昔は鳥追いをやっていたようだ。

冬、雪が積もり何日も吹雪いた後、天気がよくなると、餌が食べられなかった山鳥や、雉《きじ》は、空腹を満たすため、里山の山あいの清水《しみず》が出るような場所、つまり、雪が積もらない所を見つけて草など食べ、満腹になるようだ。それを待ち構えて追うのだそうだ。

追うと、谷を隔てた山に飛び、田んぼを隔てた山にも飛ぶ。また元の山に飛んで戻ったりして、自分の縄張り範囲を飛ぶ。追う人は、大きな声で、あそこに飛んだ、ここに飛んだと、山ごとにいる人に叫んで騒ぐと、また飛ぶ。人もその声を聞き、追う人が増えたそうだ。満腹の普段あまり飛ばない鳥は、追われて追われて疲れ、やがて田んぼの中などに突っ込んでしまうのだそうだ。捕れたとしても多い人数で肉を分けるので、量はたかが知れており、割に合わないものだったようだが、それでも、ときたまこの光景がみられたそうだ。

ふてい正月　煮《に》ざい正月（二月一日）

この日は、大根のなますを作るように細長く大根をふいて、出汁《だし》として鯖の頭などを入れ、煮込んだ煮ざいが作られた。

少し大きめの皿に煮ざいを、お椀にはご飯をとんがり山の如く盛り、昼、神様にお供えした。

その謂れは定かでない。

餅について　となあしらず　じい殺《ごろ》し

また、この頃になると、さすがにたくさん搗《つ》いてあった正月の餅もなくなってくるので、新しく餅が搗かれた。

行事により時期によりいろいろな餅が作られた。例えば春の節句などは、枯草の中から、ようやく出てきた柔らかな緑の蓬《よもぎ》を摘みとっての蓬餅。春秋の氏神様の祭りなどは平餅《ひらもち》や餡《あん》餅、社日《しゃにっ》つぁんは、となあしらずなどであった。秋の彼岸に作るとお萩《はぎ》、春の彼岸に作ると牡丹餅《ぼたもち》、野山にある山牛蒡《やまごぼう》（正式名称キクバヤマボクチ）の葉を蓬と同じようにして使ったほうこ餅。

臼《うす》と杵《きね》を使わず、糯米《もちごめ》を入れて炊いたご飯を擂粉木《すりこぎ》で搗いて作る、となあしらず（隣知らず　おはぎ）、即ち音がしないため、隣の人に知られずに作れる餅の意。

糯米を蒸して臼と杵で搗き少々水を加えて作ったおはぎの爺殺《じいごろ》し。爺さんが喉《のど》に詰まらせ死ぬほど粘りの強い餅の意のものと、なかなか種類が豊富だ。同じものでも呼称を変えて作っていたものだ。

節分（二月三日）

この日は今でも行なっている節分である。

しかし、私が子どもの頃の節分は大分念が入っていた。豆まき用の炒り豆作り。かまどに鍋をかけ、火を焚いて炒るのだが、火の勢いがよくなったところで、山から取ってきて用意しておいた馬酔木《あせび》の葉のついた生枝を焚いて炒る。すると「パチパチ」と小気味よく賑やかな音を立てて燃える。豆を炒るのも杓子《しゃくし》などではなく、葉のついた馬酔木の枝で混ぜて炒る。

謂れは聞いたことがないが、想像としては、当時は便所のウジ殺しに馬酔木の葉を煎じて除虫したり、野菜の除虫に使ったりしており、毒気があるから魔除けの意味で馬酔木を使ったであろうと思われる。

本当のところは残念だが定かでない。

炒った豆は神前にお供えする。その豆を布袋にいれて氏神様、杵築様《きつき》（祭神大黒様《さいじんだいこく》）、近くにある荒神様《こうじん》などに行き、普通の声で、

「福は内、福は内、福は内」

と三回唱えながら豆を神様の前（家でする時は家の中に）に軽く投げ、今度はだんだんと大きな声で外に向かって、

「鬼は外、鬼は外、鬼は外」

と遠くに投げてお祈りした。

家では、玄関、表の間《おもてのま》を開けて行なった。夕方近くになると、あちらこちらで豆まきの声がしたものだ。残った豆は、歳の数だけ食べる慣わしだと言われていたが、適当に食べた。残りは貯えておき、その年、雷が初めて鳴った時、出して食べると雷が落ちないと言われていた。

そのほかに悪魔を追い払う行事として、十能《じゅうのう》という炭火を入れて運ぶ鉄の塵取りのようなものに長い柄がついた道具に熾《おき》を入れ、その上に鰯の頭、髪の毛をのせて焼き、ねばねばする大変な悪臭がするものを門口《かどぐち》で作る。山椒《さんしょう》の木を長さ七センチメートルくらいに切り、割り箸より少し大きめくらいの大きさに割り、その先を少し割り、ひいらぎの葉を挟み、そこに前述の悪臭がするものを塗りつける。

これを何十本も作り、

「鬼がこんように鬼がこんように」

と唱えながら門口、戸口（玄関）、蔵の入口、便所など人が出入りする入口の両側に差し、悪霊払いの魔除けをして歩いた。

　また、この日の夕食は、なるべく早く食べるものだという慣わしで、まだ外が明るい頃に食べた。食べ方も特別の食べ方で、各自の食べ物はすべて、それぞれ食器に盛り付けし、皿で全部蓋をする。箸は、この日の夕食用に山椒の白い木で特別に作り、それを使う習慣であった。

　食べるときは蓋の皿を少し開けて取って食べ、また蓋をして鬼に見せないようにして食べなさいと言われた。

　私は小さい頃、そんな食べ方が馴染まなくて本当に嫌だった。

　また、砂《すな》下《お》ろしといって、腹にたまった一年分の砂を体の外に出すため、こんにゃくを必ず食事に添えて食べる習慣があった。

　もう一つこの日に行なう行事。当時は節分も年越しと称し、年を越すのに火を絶やさないようにと、直径二〇センチメートルくらい、長さ九〇センチメートルの大きな生木を囲炉裏に入れて、木口《こぐち》に火をつけて燃やし、夜になると木についた熾のところを灰で覆い火を絶やさないようにし、この木が燃えてなくなるまで何日も燃やし続けられた。

おひまち（三月吉日《きちじつ》〔適当なよい日に〕）

日輪（太陽）の神に対し、五穀豊穣《ごこくほうじょう》、無病息災《むびょうそくさい》、吉祥《きちじょう》を祈願する神事が、隣組五戸で行なわれた。

当家《とうや》を毎年順番制として、よこやさん（神主）をお迎えし、泊まり込みでのお勤めをしてもらう。前の晩から朝昼にかけて、ご馳走して神様にお供えし、祝詞《のりと》を奏上《そうじょう》してもらい、お膳で食をともにする。夜は床の間の御幣《ごへい》に向かい、祝詞が奏上され、皆も参列し祈願した。朝は表の間を開け、全員揃って日の出に向かい、よこやさんが祝詞をあげてのお勤めがあった。昼は、釜に湯を沸かし竹の葉っぱを湯につけ各部屋を清める湯立《ゆた》てなどして祈願する行事があった。

私が小さい頃の、おじいさん、近所のおじいさんたちは、朝起きると、庭の池の水で顔を洗い、手拭いで顔を拭き、その手拭いを腰にぶら下げ、東の空の太陽に向かって柏手《かしわで》を打ち、祈るのが習慣であった。

この様子からすれば、当時は太陽を神として崇《あが》め、心のよりどころとしていたことが伺える。

彼岸の入り（三月十八日）

彼岸の入りは、墓掃除の日としてお参りし、掃除をする。

春分（彼岸の中日《ちゅうにち》　三月二十一日）

この日は昼と夜の長さが等しい日。今でも行なう先祖を敬う日で、仏壇に牡丹餅《ぼたもち》、または餅を搗いてお供えし、墓参りをした。

午後農作業は休み。

札打《ふだう》ち（三月二十一日）

戦前のこの日は札打ちがあった。

三成《みなり》の集落ごとに、その年指定された家に、三成の善勝寺の観音堂より観音様を迎え入れ、何番かの札所《ふだしょ》が作られ、奉られた。

札所には、地区の世話役の人たちが、お菓子をお椀に盛り、長机《ながづくえ》の上に並べて、お参りに来る人たちに接待できるよう詰めていた。子どもたちは、前日から半紙をお札の大きさに切り、南無大慈大悲観世音菩薩《なむだいじだいひかんぜおんぼさつ》の版木《はんぎ》に墨を塗り版押してお札を作って備えた。

当日は、なるべく多くの観音様にお参りしようと朝早くから出かけ、お参りして歩いた。お参りのたびにお札を納めて拝み、袋を出して接待のおこし、せんべいなどのお菓子を入れてもらい、次の札所に向かったものだ。

私はまだ小さい頃のことであり、二～三カ所お参りしたように思うが、兄たちはほとんどお参りし、お菓子をたくさん持って帰ってきたことを記憶している。戦時中になると廃止された。

戦後になり、二十一日のラジオ放送記念日は、年間のど自慢で鐘三つを鳴らし勝ち抜いてきた人たちの、NHKのど自慢全国コンクール優勝大会（歌謡、民謡、独唱の三部門）が、昭和二十三年より毎年午後から長時間放送されるようになり、大人たちは、その人気放送を聞くのが楽しみであった。

社日《しゃにっ》つぁん（三月二十四日頃）

春分、秋分の日に一番近い十干《じっかん》の戊《つちのえ》の日が社日つぁん。

近くの社日様にお参りし、米をお供えして、五穀豊穣を祈願する。

当時の農作業は休みの日がなかったので、こうした行事ごとに午後は大概休みをとることが習慣となっていて、大人たちは休みであった。

薬売り

おもに早春と晩秋に富山から薬売りがやって来た。

柳で作った行李《こうり》に薬を入れ、その上にきちっと入る行李を乗せ蓋代わりとして、また薬を入れる。こうして蓋なしで五段ぐらい重ね最後は蓋をして、大風呂敷の前後の端で包み、帯のバンドで締め、左右の端で肩にかけ背負って、愛想よくやって来る。

当時は一戸の家に三〜四店の薬屋が、置き薬を箱に入れて置いていた。前回置いていた薬からなくなっている薬を集計、小形の算盤《そろばん》で計算し、墨や筆の入っている矢立《やた》てから筆を出し伝票に記入して精算する。古い薬の取り替えと追加をして、次の家へと回っていった。

また、その薬屋が来ると、サービスに角や丸の紙風船、食べ合わせすると悪い食べ物の絵入りの表などを置いていった。早速その紙風船に息を吹き込み、手でついて遊んだものだ。

苗代《なわしろ》の種蒔き（四月初旬）

農作業の中でも特に豊作を祈願しながら行なったのが稲の種蒔きであった。

その日の昼ご飯は、田の神様（サンバイサン）にお供えすることになっていた。正月元旦に縫い初めして作った中折の袋の中の米でご飯を炊くのである。また、焚く木はこれも正月に山入りして稲穂状に作って庭の片隅に立てておいた木だ。薪に使えるように切り、その木でご飯を炊き、それを神様にお供えして、

「今年もお米が豊作になあますように」

とお祈りする。

ふらい米《こめ》（焼き米）作り

当時苗代に蒔く種籾《たねもみ》は、十日くらい前から池などを利用して浸しておいた。その時いっしょに浸しておいた籾を使ってふらい米を作る。

籾を水から上げ、水切りした後、大きな釜で炒る。当時は各家庭が豆腐作りをしていたから直径一メートルくらいの釜があった。

次に、米が粉にならないよう石臼の心棒《しんぼう》の上に布などのかませものをして摺《す》り合わせの間隙を作り、籾だけ剥げるようにして石臼で挽く。唐箕《とうみ》で籾殻を取り、搗いて白米にして

完成させる。

この米は白米と同等のかたさだが、香りがよくて一握り口に入れて長らく噛むと味がでてくる。汁だけ飲み込みながら噛んで食べると長らく口が動かせる。食べだすと限《きり》がないほどに美味い。懐かしい忘れられない独特な味である。

当時の人は時間に関係なく日が暮れるまで働いたものだから、日の長い農作業の午後は休憩を二度もしていた。遅い休憩は「はしま」といって何か軽く食べていたが、その時などによく食べられていた。

ちなみに秋のふらい米は、田んぼで稔《みの》った稲を刈り取り、干さずにそのまま脱穀すると、春に水に浸した籾と同様な状態なので、春のふらい米作りと同様なやり方で作ると新米のふらい米ができる。これも変わらず美味いものであった。

水口奉《みなくちまつ》り

ふらい米ができると、水口奉りを行なう。

水口とは、田んぼに水を入れる水の入口のことである。その水口の左右の畔《あぜ》に蕗《ふき》の葉を一枚ずつ置き、そのまん中に長さ三〇センチメートルくらいの芽が吹いてきた接骨木《にわとこ》（枝

や幹を黒焼きすると、骨折の薬になることから、こう書く）の枝を立てて、ふらい米を蕗の葉の上に二〇粒くらいのせて、

「今年もよく水が入り豊作になあますように」

と祈る奉りである。

水口は田んぼ一つ一つにあるが、各家所有の田んぼは殆どが上の田んぼから下の田んぼへと繋がっていて水が入るので、最初に水が入る水口にだけ何カ所かで奉りは行なわれた。また田んぼには区画ごとにそれぞれ名前が付けられていた。例えば田んぼが広く点在している中央部分の区画は沖の堀、谷沿いの区画は谷尻、新田などの名称で呼ばれていた。また、くぼ（田んぼ一枚のこと）にも名前が付けられ、上の田んぼは水口のくぼ、区画で一番大きいくぼは大くぼ、細長いくぼは長くぼ、一番下のくぼは尻くぼなどと称され、作業に行くときなど家族に「谷尻の大くぼに行って畔を直してくるから」といってでかければ行き先がよく伝わったものだ。

山仕事も同様で、山にも細かく名前が付けられていた。

月遅れのひな祭り（四月三日）

この地方のひな祭り、節句、七夕の行事は、一月遅れである。

ひな祭りの二〜三日前に雛《ひな》さん（天神様）を蔵から出して飾った。

代々我が家で生まれた男性は、親戚より贈られた泥天神《どろてんじん》さん、女性は内裏《だいり》さんを飾った。特に長男は、いろんな親戚よりいただいたもので、数が多く豪華であった。また泥天神さんの代わりに天神さんを描いた掛け軸をいただいたこともあった。

当日は菱餅《ひしもち》を作る。あらかじめ摘んでおいた蓬《よもぎ》で蓬餅を搗き、厚さ一センチメートルくらいに延べ、少しかたくなったところで、長さ一八センチメートルくらいの菱形に切る。少し小さ目のものも作る。

蓬を入れない白い餅も同じように作り餡餅も作る。平たいお椀に色とりどりに盛りつける。

菱餅を大二枚横に並べて置き、その上に縦に大二枚置く、その上に小一枚横に置く、その上に餡餅を一つ置いて完成。これを四つ作りお供えする。

次はあられ作り。正月、ほうじきの木（やまぼうし）の枝先につけて飾った花餅を細かく割り鍋の中で炒る。黒豆も炒る。玄米も炒ってから一緒にし、砂糖をからませて、あられの出来あがり。これを重箱に入れてお供えした。

また子どもは田んぼに出かけて田螺《たにし》取りもした。まだ耕されていない硬い田んぼを歩いてみると、ぽつっと径が二センチメートル、

深さ一センチメートルくらいの凹《へこ》んだところがある。そこを指でほじくると田螺が出てきた。おもしろい取り方だった。それを洗って湯がき、身をむき、煮つけてお供えした。

せりも田んぼで摘み取り、おひたしを作りお供えして、私たちもご馳走にありついた。ひな祭りに備え、お粥と麹《こうじ》を混ぜて炬燵《こたつ》で保温して、あまがえ（甘酒）も作った。当日お供えして、それぞれいただいたものである。

農作業は午後休みであった。

氏神様の春祭り（四月十三日）

氏神様（三成の八幡神社）の祭りは、親戚のおじさんおばさんたちが来られ、家ではご馳走して迎えた。

学校も午後は休みになった。

当時は、日頃の小遣いはなかったが、この日は五~一〇銭、多い人は五〇銭くらいの小遣いをもらってお宮参りし、おもちゃの品定めをして買った。お宮参りはそこそこに、境内や参道に店が何十軒と所狭しと並んでいる大変な賑わいの中、何がよいか迷いに迷って買ったものだ。今はどこのお宮の祭りでも露天商が少なく、当時の賑わいがうそのように思われる。

この春祭りはまだ農作業が多忙ではない時期なので、翌日の後祭りもあり、泊まられるおじさんおばさんもあり、家も賑やかなものであった。
もちろん農作業は休みであった。

鳴子《なるこ》おどしと縄鉄砲《なわてっぽう》

苗代に種籾を蒔いて少し芽が出るようになると、天気のよい日には苗代の温度を上げ、芽の成長を促すため、水を引く（水を少なめにすること）と、雀、あおじなどの小鳥、たまにはカラス、山鳩がやってきて、折角芽が出かけた種を食べたり踏みつけたりするので、追い払うのが大変であった。

そこで人間と小鳥の知恵くらべが始まるのである。苗代に竹竿に缶がら（空き缶）、短い竹筒、板などを吊るして綱を取り付け、途中は竹竿で支えて、長く引っ張り、鳥が来ると苗代までいちいち行かなくても遠くから綱を引っ張ってガラガラ音をさせて鳥を追い払った。

これが鳴子おどしである。

縄鉄砲は、農耕の牛の鞍《くら》から鋤《すき》などを繋ぐ引き綱、長さ二メート

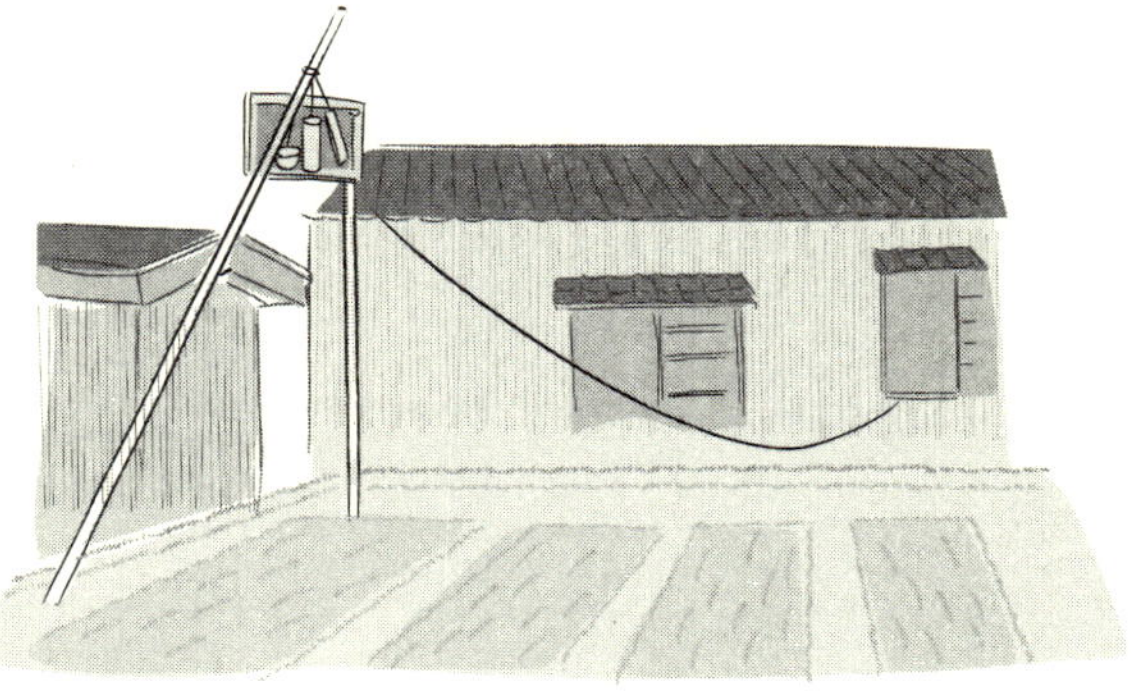

鳴子おどし

ル五〇、元の太さが直径五センチメートルくらい、徐々に小さくして末端の太さは五ミリメートルくらいにした縄、末端の細い部分三〇センチメートルくらいは音を出すときちぎれないよう藁でなく麻の縄にしたもの。

この縄の太い方を持って、横に大きく頭の上で、三回から四回くらい回し、急に逆方向に、やや下に回して鉄砲のような大きな音をさせ鳥を追い払った。しかしこの縄鉄砲は熟練しないと簡単に音が出ないし、大きな音がしなかった。より大きな音が出るよう兄弟競争して練習をしたものだ。

戦後になると苗代が改良され形態が変わった。保温しながらよく苗が育つ折衷《せっちゅう》苗代となり、鳥の害もなくなった。したがって縄鉄砲などは忘れられていった。

折衷苗代は、田んぼに幅一メートルくらいの畝《うね》を作り、水を畝すれすれに貯めて、表面の土を柔らかく泥状に平らにして、種籾を蒔いて、燻炭《くんたん》(籾殻の炭)で種を覆って、畝全体を油紙で覆い、紙の端はすべて泥で押さえて仕上げる。

芽が出て、四~五センチメートルに成長するまでは、そのままで育てる。あとは油紙を取って育てると、温室効果でよく育つので、これが主流となっていった。

ビニールが出まわると油紙ではなくビニールとなり、何回か繰り返し使われていた。

肥《こ》え負《お》い

雪が解け、田んぼが乾く四月の頃となると、田植えの準備として、前年の夏に山草刈りをして牛に踏ませて作った肥《こ》え（堆肥《たいひ》）を運んだ。家の近くに通称「肥えぐろ」といって五メートル四方くらいで高く積んであったものを、負《お》い子《こ》で背負って田んぼに運び、撒いて肥料としていた。

当時は近所四～五戸共同で今日はどこの家、明日はどこの家と日時を決め、手代《てが》わり（お互い手間を貸し借りすること）でそれぞれの田んぼに肥えが運ばれた。当家《とうや》の主人が、近所の人々が背負っている「負い子」に肥えをフォークで入れ、行列で肥えを背負い、田んぼに行き、間隔よく落として、何回も往復し、それぞれの田んぼに配られ、運ばれた。

一戸の肥え負いは、一日がかりであった。午前午後と、昼の休憩はあるけれど、一日中肥えを背負って歩き運ぶのは大変な作業であり、身いり（筋肉痛）がしたとよく聞かされたものだ。

しかし、今思えば肥え負いの行列も、懐かしい田園風景の一つでもあった。

負い子は、背に合わせた形の籠《かご》のことだ。かめがらの木（がまずみ）は折れにくい木なのでこれを使う。太さ二センチメートル、長さ二メートルくらいのものを材料として、火にあぶりながら背に合わせた籠の骨組みを作り、細いくずの蔓《つる》や、つづらの蔓か小縄《こなわ》で細かく編んで作る。肩に掛ける帯、背当ても藁で作る。作るのは、やはり農閑期の藁仕事をする時期であった。

いろいろな農具のことについて概略を述べているが、わかりにくい点も多々あろうかと思う。地域の民俗資料館などに行き、展示してある実物を見ればよく理解できると思う。改めて行って観察すれば、また興味がわくかもしれない。

荒田《あらた》起こし

運ばれた堆肥が撒かれると、いよいよ田ごしらえである。牛に犂《すき》を引かせて荒田起こしが始まる。

現在は、農家が牛を飼うのは肉牛としてだが、機械化されていない当時は、役牛《えきぎゅう》として飼われていたので多くは牡牛《おうし》であった。大きな労働力であり、家族同様だいじにして飼われていた。大概の農家では、戸口（玄関）から入ったおしのわ（土間）の縁《へり》にまや（厩《うまや》）があって、常に目をかけて飼っていた。

またこの地方では牡牛は「こってご」、牝牛《めうし》は「おなんこ」と呼んでいた。

当時、小作などしている農家では、牛が高価で、牛を所有することがなかなか困難で、大変であったようだ。所有できない農家は、博労《ばくろう》（牛の仲買商人）に頼み、若い牛を借り受けて飼い育て、鞍をつけて農耕ができるように調教することを条件として役牛として使わせてもらったようだ。田植えが終わると農家は、博労に牛を返し、また若い牛を借りるの繰り返しであったようだ。博労は、田植えを終えた牛を田植えが遅い里に役牛として市で売り捌《さば》き利益を得ていた。

少し余裕のある農家は、博労に頼み、牛の足一本とか二本とか、即ち牛の価格の四分の一とか二分の一を支払って、博労と共同で所有し、前述のように飼い育てて役牛として使い、田植えが終われば博労に売り捌いてもらい、利益を案分《あんぶん》してもらっていた。

当然、裕福な農家は、自ら牛を所有していて、博労と対等な立場で牛の売買ができ、非常に有利であった。気に入った博労を選び、牛を安く買い、高く買う博労に売ることができるからである。

荒田起こしは、牛の背に鞍を乗せ腹帯で固定させ、田んぼに行く。鞍につけた引き綱で犂を繋ぐ。

田んぼの形状を見て、狭い角から右側の畔に沿い内側三尺（九〇センチメートル）くらいのところを対角線の先の角まで手綱を使って鋤いていく。次は最初の角まで反対側を通って同じように鋤いて戻る。

今度は田んぼの幅に合わせ、六尺（一八〇センチメートル）間隔くらいの等間隔に何本か鋤いて構図を作る。これまで鋤いたところは初めて鋤くところだから一挙に耕す深さに鋤くと牛が難儀をするから二度鋤いて耕す深さにする。

構図ができたら、外側の鋤いたところは後回しにして、中の鋤いたところを中心に土を返しながら行き来して回り、隣の鋤いてある半分のところまで鋤いて畝を作る。他の中の鋤いたところも同じようにして鋤いて畝を作る。

終わったら、残しておいた外側の鋤いたところを、田んぼの外側に土を返しながら荒田がなくなるまで回って鋤く。

最後に外側の残ったところを荒田がなくなるまで田んぼの内側に土を返して鋤いて回って畝を作って終わる。

田んぼの四隅は鋤けないので、「島打ち」といって、人力で後から鍬で耕した。

荒田起こしなどの牛使いは、のどかな田園風景として、あちらこちらで見られた。

また当時その頃は、あちこちの田んぼ一面にみやこ（蓮華《れんげ》）の花が咲き誇り、とても綺麗であった。そこで花を摘み、飾りなどを作り遊んだものだ。乾田《かんでん》にみやこの花が咲いていたのは、根っこに根瘤菌《こんりゅうきん》が付くので、よい肥料になるし、茎葉は肥料、牛の飼料にもなるので、秋の稲刈り前に、みやこの種を撒き栽培されていたのだ。

この時代の田んぼは、全部が最初から乾田ではなかったようだ。

当地方で盛んに行なわれた鉄穴流《かんな》し（鉄穴流しについては、別資料で詳しく参照されたい）で、山を崩してできた田んぼはよいが、谷間などで開拓した田んぼは、深田《ふけだ》といってどこまでもはまる、大変な田んぼがあった。

鍬で田を起こし、代掻《しろか》きは、わーし（輪足《わあし》のことか、長さ一メートル幅四〇センチメートルくらいの格子状の木枠の中央に鼻緒のついた下駄）を履いて歩く。田植えは、股までも深くはまりながら植えた。ひどいところは、木の丸太を入れてあり、それに足を架けて（止まり木と称していた）植えられた。

私もこのような田んぼがあったのは憶えている。牛を使って効率よく農作業をするには、土地改良して乾田にする必要があった。田んぼの水が湧くような水はけの悪い側に人が入れるくらいの幅で深さ一メートル強の溝を掘り、竹を束ねておき排水を作る。竹の上に松の枝など腐りにくい木の枝を、縦にぎっしり詰める。上に土を覆い、しっかり叩いて固めてから肥え土を戻して終わる。

長い年月をかけて徐々に田んぼが改良され、乾田化されたようだ。

燕《つばめ》の巣

燕は渡り鳥で、秋、南の空へ旅立ち、春の四月になると、この地方にも毎年燕が巣作りにやって来た。

やがて荒田起こしが始まると、その柔らかい泥をくわえてきておしのわの上にところかまわずどこにでも巣を掛けようとする。壁と桁《けた》の少しの段差や物が掛けてあるところなどを利用して作ろうとして汚くする。

たとえそこに巣を作らせても、農家のあまだ（萱葺《かやぶ》きの屋根裏に藁や、萱など貯蔵しておく場所のこと）にはアオダイショウという大きな蛇がいることがよくあった。家の人は家の主だといって、獲ったり殺したりはしなかった。鼠を食べてくれるからであろう。その蛇が時たま壁伝いに燕の卵や雛を食べることがある。

やはり巣は梁《はり》から吊るしたほうが安全なので、昔から人が燕が巣を作る場所を作って吊るしていた。

早くに巣を作る場所を作っておけばよいのだが、なかなか手回しよくできないのが世の常であって、大急ぎで作ることになる。

巣は、幅二センチメートルくらいに割った竹を縦五〇センチメートルくらいの卵形に曲げ、端を五センチメートルくらい交差させ小《こ》縄《なわ》で止め、吊るす輪も作る。ふくらんだ方を下にして同じ割った竹、長さ三〇センチメートル程のものを十の字において止める。その十字の竹を芯にして藁三本を竹を芯に、一回転させながら中心より編んでいき、一〇センチメートル角

くらいの座《ざ》を作ってやると、燕はこの座の上に泥で巣を作る。また卵形に曲げた竹の中程よりやや上には、両端が一〇センチメートルくらい出る割り竹を横に渡して取りつけ、止まり木を作る。

燕の雛が大きくなると巣の外に向かって糞をするので、糞が下に落ちないように藁を適当な長さに切り揃えて薄く並べて竹で挟んで簾《すだれ》を作りこれを糞受けに巣の両端に出ている竹から小縄で水平にぶら下げる。この巣をおしのわの中程の梁にぶら下げて、それに巣を作らせる。

前述したように巣は玄関の中にあるので、燕がいつでも自由に出入りできるように、玄関の障子、当時玄関の戸は、夜の板戸と、昼の戸、下半分は腰板《こしいた》で上は障子であったので、その障子の上のひとこまだけは、障子紙を張らずにおくと、燕はその小さい枠の中をうまく飛び、くぐりぬけて巣に通うのである。

ちなみに雛は四～五羽くらい育っていく。二番巣、即ち一つの季節に二回巣を作って育てることもあった。

木の穴や巣箱などに巣を作るヤマガラ、シジュウカラなどの小鳥は、雛が巣の外に糞ができないので、親鳥は巣を清潔に保つため常に雛の糞は口にくわえて飛び立ち、外に捨てる。燕も雛が小さいときは確か巣の中の糞だけは口にくわえて外に捨てる。そうして、燕の雛は自分で思うように動けるようになると、お尻を巣の外に向け糞を外に落とすのだ。観察してみては如何かな。

俗言・言い伝えなど

物事の謂れ、俗信、昔から日常生活の中で言い伝えられたもの、中には、なにかの戒《いまし》めとしてのものもあるので述べてみる。

○当時、百足《むかで》が家に出てきても、お金の神様の使いだとか言って殺さず逃がしていた家もあった。

○朝、家の中で蜘蛛《くも》が糸をひいて上から降りてくると、縁起がよいといって、そおっと手で獲って懐《ふところ》に入れる人もいたと言われている。逆に、夜の蜘蛛は、「親に似ていても殺せ」と言われていた。何故かよくわからない。

○家に蜂《はち》が巣を作れば、火事に遭わないといわれていた。だから、うなぎ漁《りょう》の餌にするため、蜂の巣を買いにきても、売らない家が殆どであった。蜂に刺されると大変だが、虫を食べる蜂は、益蜂《えきばち》であるからか。

○キセキレイが、家に巣をかけると火事にならないともいわれ、だいじに見守り巣立ちさせた。この鳥も虫を食べるから益鳥《えきちょう》だ。

○くど（かまど）の周りに隠れ棲《す》んでいて、「チッ、チッ、チッ、」とリズミカルな鳴き声のかまこさんと、銀かまこさん（カマドコオロギ）は、だいじに棲まわせていた。かまどの縁に、ご飯粒を二〜三粒おいておくと夜など人がいなくなると出てきて、ご飯粒を食べていた。何故棲まわせているかわからないが、ひょっとして食べ物が誤って落ちたものを食べてくれるからか。寒い時も、当時のくどには、かまどに合わせた形の銅壺《どうこ》（湯沸し）がついていたので暖かく棲み易かったようだ。

○初物を食べると、寿命が七十五日延びる。

食べることで、寿命が延びるほどの価値がある。七十五日は、季節の移り変わりの長さと考えられる。

○夜、爪を切ると親の死に目に会えない。

夜、薄暗い所などで切ると、往々にして深爪をしたり、皮膚を切ったりするから、戒めであろう。

○みみずに小便をかけると、金玉（睾丸《こうがん》）が腫《は》れる。

みみずに小便をかけるとガスが発生し、それが皮膚を犯して腫れる説と、みみずは、土壌を改良してくれるから、むやみに殺すなの説がある。前述の説は、試してみたことがないが、可能性は高い。

○柿の木に登って落ちると、三年以内に死ぬ。

柿の木は、非常に脆《もろ》い木で、相当太い枝でも、「ポカッ」と折れるから、注意を喚起《かんき》してか。

○雷さんが、へそを取る。

気候がよくなり、雷が鳴る頃になると、子どもがよく裸で腹を出して遊ぶ。腹が冷えないようにさせる戒めであろう。

○茶柱が立つと、よいことがある前ぶれである、人に知れないように飲むこと。

茶柱は、急須《きゅうす》でこされても出てきて、これが立つことは、稀《まれ》の稀であり、縁起がよいとされる。幸運を人に自慢するなの戒めもある。

○子どもの歯が抜けたら、上の歯は縁の下に、下の歯は屋根の上に投げ、「ネズミの歯と取り換えてごせえー」と言う。

これは、ネズミの歯が、擦《す》り減っても復元する強い歯だから、それにあやかってのことだろう。

干《ほ》し田《た》こじき

干し田こじきは、荒田起こしをしてよく乾いた大きな塊の土を砕くことである。一メートル五〇角ぐらいの底のない箱の底に二本横に太い心棒を通し、それに長さ三〇センチメートル、太さ三センチメートルくらいの尖った棒を何十本もつける。この農具の箱の上に座を張り手すりをつけ、人が乗り、これを牛に引かせて乾いた荒田起こしの畝の上を何回も往復して細かく土を砕くのである。

子どももよく乗せてもらうことがあった。凸凹《でこぼこ》の畝でぐらぐらするので、それがまたスリルがあって面白く楽しかった。

くれ返し

干し田こじきが終わると、くれ返しといってまた牛と犂《すき》を使い今度は溝を中心に畝を作り土を返して干された。

代掻《しろか》き

くれ返しを終え何日か乾かしてから田んぼに水を貯め、しばらくして土が柔らかくなったところで馬鍬《まんが》を牛に引かせて代掻きをする。

馬鍬は高さ六〇センチメートルくらいの鳥居形で、下の横木に長さ二〇センチメートルくらいの鉄の棒を二〇センチメートル間隔に付けてある農具。畝に対し横に歩き、馬鍬を手で押さえ、強く弱く調節しながら畝を崩していく、つまり田んぼをのの字に回り、平らにしながら代掻きをする。

代掻きをするといろんな虫が沢山飛んだり水の上に浮かんだりするので、数羽の燕がこの時を待っていましたとばかりに低空飛行で何回も旋回し、賑やかにさえずりながら虫を獲っていた。

またキセキレイ、ハクセキレイなども、水から少し出た土の上に止まり、尾を上下に振りながら虫を見つけては啄《ついば》んでいた。

代掻きが終わったら長さ二メートルくらいの柄の先に、幅一五センチメートル、長さ一メートルくらいの板をTの字につけた「えぼり」で、均《なら》して終わる。

これでようやく田植えができる田んぼとなる。

また田んぼに水を張る頃になると、トノサマガエルが水の上に浮かんだりゆっくりと泳ぎながら頭の両脇の部分を膨らませながら鳴く。

鳴き声が夜昼やかましいほどに聞こえてくる季節となる。

アマガエルは少しあと、田植えが済んだ頃より田の畔の水際で喉の部分を膨らませ、多く鳴き出す。夜なかなか寝つけないくらいであった。

アマガエルは、観察しようと静かに近づくとすぐに鳴くことを止める。離れていくとまた鳴き出す。鋭い感覚の持ち主であった。

荒代《あらじろ》掻《か》きと、ほった返し

田んぼが乾かない湿地の田んぼは、荒田起こしをして水を貯め、荒代といって簡単に代掻きをする。

暫く置いて泥がしまって、犂で土がひっくり返るようになってから「ほった返し」といって、田んぼの外側より、牛に犂を引かせて、ぐるぐる回って畝を作らず田を起こし、またしばらく置いて本代《ほんじろ》を掻き、ならして田植えのできる田んぼにする。

農繁期の行商

またこの頃農繁期になると、行商の人が多く見かけられるようになる。買いものに出かける時間もおしい農繁期に行商に来られると便利で、どの家庭でも利用されたものである。

栄養補給と保存食のための、通称「田植え鯖」と言われていた塩鯖が箱単位で買われたのもこの頃である。当時の塩鯖は塩の辛いもので確かに長持ちするものであった。時には生の鯖を買って塩を振って、干し鯖にして食された。

一年中食べられる鯖の塩辛もこの時期に作られた。かえりちりめん（じゃこ）も、大きな袋ごと買われた。缶に入れて保存しながら使用されていた。

そのまま湯をかけ湯を切り、醤油をかけて食べたり、酢の物にも使われた。めのは（板わかめ）などもよく売りに来た。

第二章

夏

五・六・七・八月

田植え

今は機械化され一人や二人で田植えができるが、当時は一株ずつ人が手植えをしたもので、多くの人で植えても、一日に三〇～四〇アール、一人や二人で植えると気が遠くなりそうなものであった。だから近所の人と手代《てが》わりをしながら十数人で植えられた。もちろん話をしながらでもあったが、時には田植え歌も歌われた。

田植え歌は、さげさんが太鼓を叩きながら歌い、早乙女《さおとめ》が続いて歌う本調子の歌があるが、お互い気安く歌っていた短い田植え歌もあった。ここで覚えている短い田植え歌を紹介してみよう。

一、咲いた桜になぜ駒繋《こまつな》ぐ　駒が勇めば花が散る
ヤレー花が散る　駒が勇めば花が散る

一、一人寝てさえ小腹が立つに　まだら猫めが鼻舐《な》めた
ヤレー鼻舐めた　まだら猫めが鼻舐めた

一、立てば芍薬《しゃくやく》座れば牡丹　歩く姿は百合の花
ヤレー百合の花　歩く姿は百合の花

一、歌え歌えと急き《せ》立てられて　歌は出ませぬ汗が出る
ヤレー汗が出る　歌は出ませぬ汗が出る

田植え歌

たてば　しゃくーやく　す　われ　ば　ぼ　たーん
あ　る　く　す　が　ー　た　は　ゆ　ー　り　ー　の　は　ー　な
ヤレゆーり　ーの　はな　ー　あ　る　く　す　がー
た　は　ゆ　ー　り　ー　の　は　ー　な

（採譜　立石純子）

などと歌われていた。

この頃になり、渡り鳥のカッコウが「カッコウ」と鳴き、ホトトギスが「ホッキョッキョキョ」、人によっては「テッペンカケタカ」と聞こえるようだが、こうした鳴き声が聞こえてくると、この頃の季節感がさらに増してきたことを憶えている。

苗を植える間隔のとりかたは現在の並木植えと違い、六寸（一寸は三センチメートル、六寸は一八センチメートル）角から八寸角ぐらいで、家により、また土質により違いはあったが、三角定規を使って植えた。

三角定規とは、六寸角に植えるなら、一辺が六寸の三角の板を何枚も作り、その頂点をそれぞれ二センチメートル切り落とす。二センチメートル角で長さ二間（三・六メートル）なら二間の四角い棒を三本作る。三角板の頂点三カ所に、それぞれ作った棒の端を釘で止め、また三尺（九〇センチメートル）間隔で、三角板を釘で止める。棒には六寸間隔に紐でしるしをつけたものである。

三角定規の長さは、一間、一間半、二間と様々な長さのものが数多く作られ用意されていて、田んぼの大きさに合わせて継ぎ、定規の前でそれぞれが紐のしるしのところに苗を植える。終わったらみんなで定規を回転させてまた植える。

こうして後退しながら植えられた。

その後だんだんと「ばば引き」での田植えが取り入れられるようになった。ばば引きとは、代掻きを終えて、三~四日おいて水が澄み、土も落ちついてから、長さ三メートル、幅二〇センチメートルくらいの板に、幅二センチメートル長さ三〇センチメートルくらいの竹を、植える間隔で櫛状に釘で止め、これに長い柄をつける。田んぼで縦横に引き、碁盤目をつける。植え方は、交差した跡に苗を植えながら前に進んで植える方法である。

田植えは手間のかかる大変な仕事だから、子どもたちもいろいろ手伝いをしたものだ。苗運びをしたり、田植えをしたり、畔に豆を植えたりして働いた。また、蛙や、おたまじゃくしなど捕まえて遊びもした。

蛭《ひる》に噛まれて血が止まらず大騒ぎしたことやら、苗の子と言って、苗に産んだタガメの卵を見つけ、焼いて食べたこと、茶粕虫《ちゃかすむし》（こみずむし）を獲り瓶に入れ、煎茶粕を入れて虫が葉に乗って上にあがるのを見たりなど、いろいろな事をして過したことを思い出す。

端午《たんご》の節句（六月五日）

端午の節句は一月遅れで行なわれた。

行事は菖蒲《しょうぶ》を刈り取ってきて軒にさし邪気を払い、男は菖蒲で鉢巻をする。女は菖蒲を髪に結んだ。

　また、蓬も刈り採り、菖蒲とともに束ねて風呂に入れ、菖蒲湯に入浴するのが習慣であった。

　この日は、農作業は休み。この日に働くと「怠けもんの節句働き」と言われ嫌われていた。

　この地方では笹巻きは節句には作らず、半夏生《はんげしょう》に作る慣わしであった。

れんげ（六月十五日）

　れんげは何を意図してかはわからないが、小麦を混ぜたご飯が作られ神棚にお供えし、食された。食べると、プツプツと小麦がつぶれる食感があり、珍しいので美味しく食べた。

　この日に田んぼに入り、稲の葉先で目をつくと、目が見えなくなると言われていて、農作業は休みであった。これもまた休みのない農作業、たまには休みなさいと、いろいろ理由をつけて一斉に休みを取らせた感がある。

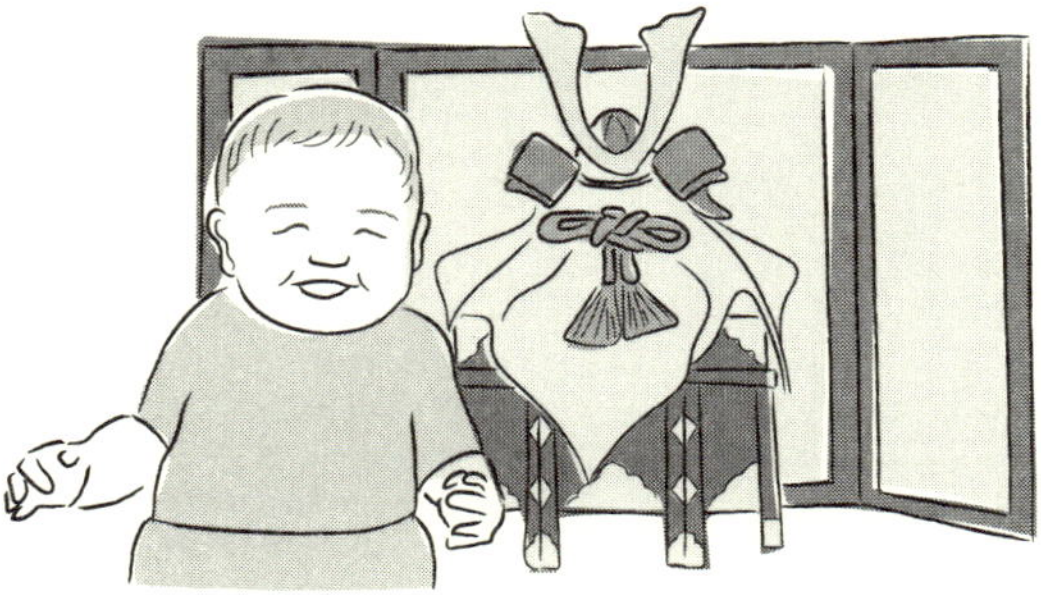

蛍《ほたる》

六月半ばが過ぎる頃になると蛍が出るようになる。最初は大きい蛍が出るが、日を追って数が増えてくると、だんだんと小さくなっていった。蛍が多くいたので蛍取りもした。

蛍取りの道具を紹介しよう。

当時、高菜の実は、辛子《からし》を作るために、葉っぱを掻《か》いて食べた後、花を咲かせて実を採るよう栽培されていた。その実を採った後の殻、菜種の殻を竹の棒に箒《ほうき》のように束ねて作ると、よく風を通すし、殻が柔らかいので蛍が傷まないよいものができる。

日が暮れて暗くなると、あちこち田んぼのへりの、えでがわ（水が少しずつ流れている溝）の方で、ポーッ、ポーッ、と光を出し交差して飛ぶ。大きな声ではしゃぐと、やはり遠くに逃げて行く。静かにあぜ道を歩いて行き、菜種の殻の箒でさらう。本当によく獲れた。

たまのことだが、蛍に気をとられ追っているうち、田んぼに足を落とすこともあった。蛍草を入れた虫篭《むしかご》に入れ、持ち帰って、蚊帳《かや》の中に放して慰み遊んだものだ。

ここで辛子作りも紹介しておこう。

高菜の実を、かがち（すり鉢）に入れ、山椒の木で作っためぐり（すりこぎ）で摺《す》って実を砕き、布袋に入れ熱湯をかけ、袋から出して練り、容器に入れ密閉させておくと、辛い辛子ができる。これを煮た里芋や、漬けたなすび（茄子）にまぶして食べると、日持ちのするおかずとして重宝されていた。

半夏生《はんげしょう》　笹巻き（粽《ちまき》）作り（七月二日）

半夏生、通称半夏《はんげ》は暦《こよみ》の二十四節気をさらに各節気毎に細分した日で、夏至（年間で昼が一番長い日）から十二日目、田植はこの頃までにしないと実りが悪いと言われていて、この日までに殆どの田植えは終わったものである。

田植えの終わりを「代《しろ》みて」と言って、田植えが無事に終わったことをよろこび、笹巻き（粽）を作り神様にお供えし、農繁期が一区切りついたとして、脛《すね》休め、肩休めする日であった。

笹巻きは前日の午後、家族みんなで作ったものだ。

前々日の日に取ってきて洗い、水切りしてある熊笹の葉を一枚一枚に分けて揃え、茎は団子を刺す串に切り揃え、また、若い半開きの葉や広がっていない葉は別にして団子を包む葉とする。

イグサは結びと飾りに使うため早めに刈り取り、少し干してちぎれにくく細工しやすいようにしたものが用意された。

米の粉を練って団子を作るのは女の仕事、団子を串に刺し若い葉っぱで団子を頬かむりのように包むのは笹巻きがまだ作れない小さな子どもがする役目であった。その他の者は笹を巻いた。最初はなかなか巻けるものではない。手取り足取り教えてもらいながら、だんだん上手になっていった。

うまく巻けていないものは湯がくと団子がおんどり出てしまった。しかし、年々作ることによりうまく巻けるようになる。そうなると我々兄弟は、しわがない凹みのないようにうまく巻けたかどうか競って巻いたことを覚えている。

父は、神様や土産にする笹巻きを十本ずつ束ねて、手元に小さい笹三枚を前に並べ他の笹をめぐりに並べ回して、中ほどを結び、結んだ笹の上半分を折り返してまた結び、イグサも使って飾りがつけられた。束ねられたものから順次、湯が沸いた大きな鍋で湯がかれていった。

翌日半夏の日の朝食は、笹巻きが食べられた。笹の匂いがする

団子、普段甘いものが稀なご時世、砂糖醤油で食べた味は美味しく、今でも忘れられない風味となっている。

また、泥だらけになって作業し、田植えが終わった意味あいから、この日を泥落しとも言った。

牛も大変な農作業をしたから、川に連れて行き、いぬたで（タデ科の植物）と藁で体を洗ってやり、労をねぎらった。いぬたでを藁に混ぜて牛を洗うわけは聞いていないのでわからない、残念だ。

新しいお嫁さんのいる家では、田植えなど、朝から夕方日が落ちるまで頑張って大変な農作業をしたお礼というか、ご褒美というか、イグサと笹で飾りをつけた笹巻きをお土産に、何日か泊まりで、実家に里帰りが許された。

我が家も当然、お嫁に行った姉さんが泊まりに帰ってきた。

日頃の農作業で疲れ、

「寝るのが一番のごっつぉ（ご馳走）」

といってよく寝ていたことを思い出す。

戦後時世がよくなってからは、泥落しと称し団体旅行が企画され、日帰り旅行など行なわれるようになっていった。

笹巻き（粽）作りの由来

文献によると、古代中国に名高い屈原《くつげん》という政治家がいたが、彼をねたむ人たちによって地位を失い、悲しみのあまり湖に身を投げて死んでしまった。彼を慕う人たちが、五月五日の命日に、キビの餅をマコモに包んでお供えしたのが始まりで、後に笹で包むようになったと記されている。

また、別の文献では同じく命日に、糯米《もちごめ》をお供えしたところ、彼の霊が現れて、「龍に食べられないよう、茅《ちがや》（春、銀白色の細長い花をつける。小さい蕾《つぼみ》を抜いて、中を食べることができる。「のぼし」とも言っていた）に包んで炊いてくれ」と言われて作ったのが粽の始まりとも記されている。

八朔《はっさく》（旧八月一日）

この日は、八朔さんといって桃を食べ、桃の葉をお風呂に入れて入浴した。謂れはよくわからないが、桃の葉は、皮膚の病によく効くといわれていたので、夏の汗疹《あせも》予防からか。

文献によると、八朔は三大厄日《やくび》の一つであり、他は、二百十日、二百二十日である。いずれも台風時期で厄日とされていた。

七夕さん（八月七日）

七夕祭りは子どもが主役の祭りであり、一月遅れで行なわれていた。

六日の朝、今年生えた高さ四メートル弱の若竹二本が裏山の竹藪から切って来られ、表の間の軒先に立てられた。

短冊に通して竹の枝に結ぶ紙縒《こよ》りは、習字の練習に使った半紙を縦に何回も折り、幅二～三センチメートルくらいにし、それを横にして一・五センチメートルくらいの幅に切り、広げたものを縒《よ》って作った。

この紙縒りを多く作るのは大変であったので前日に作った。しかし慣れないうちはうまく巻けず、ひょろひょろとした短いものができ使い物にならなかった。でも姉などに教わりながら試行錯誤、だんだんと使い物になるようなものができるようになった。そうなると、いかに長くかたい紙縒りができるか、また兄弟で競った。

六日の早朝、子どもは硯の墨に使う水を集めにいく。親たちにせかされ、朝露が上がらない里芋畑に行き、大きい里芋の葉っぱの上にころころと玉になって溜まっている朝露を茶碗に受け集めて帰り、硯に入れて墨を摺った。こうした墨で書くと字が上手になるといわれ、この墨を使って短冊に書いた。

飾りの網は、まず半紙の対角の角を揃えて二つに折る。次にそれを半分に折り、できた頂点を軸に二回折る。それを頂点より二センチメートルくらいのところから横に三ミリメ

ートルくらい残して切る。次に反対の切り残した方から幅六ミリメートルくらいのところからやはり三ミリメートルくらい残して切る。このように交互に端まで切って（短い端が中に隠れているから気をつけて切る）いき、広げてゆくと網飾りの出来あがり。頂点に紙縒りを通して竹の上の方に飾り付ける。

　またいろいろな色紙を二つ切りにし、縦に八枚つないで、端の幅半分を三角に折り、反対の半分も折る。紙縒りを中にいれて糊付けして長い短冊を作る。この短冊には自分の氏名を書いた。小さい五色《ごしき》の短冊にも天の川などいろいろ、願い事なども書いて竹に取りつけ飾り付けした。

　畑から西瓜《すいか》、トマトなども採り、お膳とともにお供えして賑わった。

　翌七日早朝には、兄弟と川に流しに行った。例年、各家ごとに川に流す場所が決まっていて、その川岸に、飾り付けた七夕をはためかせながら担いで行き、しっかりと立てて送った。

　こうしたことも今は遠い子どもの頃の行事として思い偲ばれてくる。

衣《ころも》洗いの日（八月七日）

仏様が衣を洗って干される日といわれ、この日はどの家庭も、衣類の洗濯はせずに、物干竿を使用しない習慣となっていた。

また、この日はお盆前の墓掃除をする日としての習慣もあった。竹で作った花立て、線香立てはお盆に新しくするので、古い花立て、線香立て、枯れ葉、草など集めて焼かれた。そのため、あちらこちらの墓でくよし（草など集めて焼くこと）がされ、煙が上がったものである。また盆掃除と言って墓に行く道なども、草刈りなどして掃除された。

菩提寺《ぼだいじ》の和尚《おしょう》さんの棚経《たなぎょう》（八月のお盆前）

この地方はお盆前に、和尚さんが檀家の家庭を廻られ、棚経が行なわれる習慣で、留守の家でも表の縁《えん》から上がり、仏前で棚経があった。現在は、不用心だから前もって連絡しながら行なわれているようだ。

迎え盆（八月十三日）

この日は、お盆をお迎えする準備の日であった。

まず、床の間に板で段々の棚を作り、その上に打敷《うちしき》を敷く。仏壇からお位牌仏具などを出し、きれいに掃除をして飾る。馬のような形に作れる小形の胡瓜、牛の形に作れるような小形の茄子を畑から採り揃え、馬の尻尾はとうもろこしの毛、足はミソハギの茎を使って牛馬を作り、仏様が牛馬に乗って来られるようにと左右に飾る。

また、ささげ（隠元《いんげん》）、成長途中の里芋を葉茎芋ともにつけたまま掘り洗って吊るして飾った。西瓜なども収穫して飾る。

仏様にお供えの盆花《ぼんはな》も飾る、何故かこの地方は、女郎花《おみなえし》、桔梗、ミソハギに限られていて、それ以外の花は飾られなかった。

また、これも今は何故かわからぬが、雷が鳴る前に藜《あかざ》の葉や、ひいを採ってきて、ゴマ和えなどにしてお供えし食べる習慣があった。

午後四時頃になると仏様を迎える、迎え団子が作られた。

米粉を使い、捏《こ》ねて直径二センチメートルくらいのまん丸い団子を作り、湯がいて黄粉をまぶして作る。桐の木の葉っぱ、直径三〇

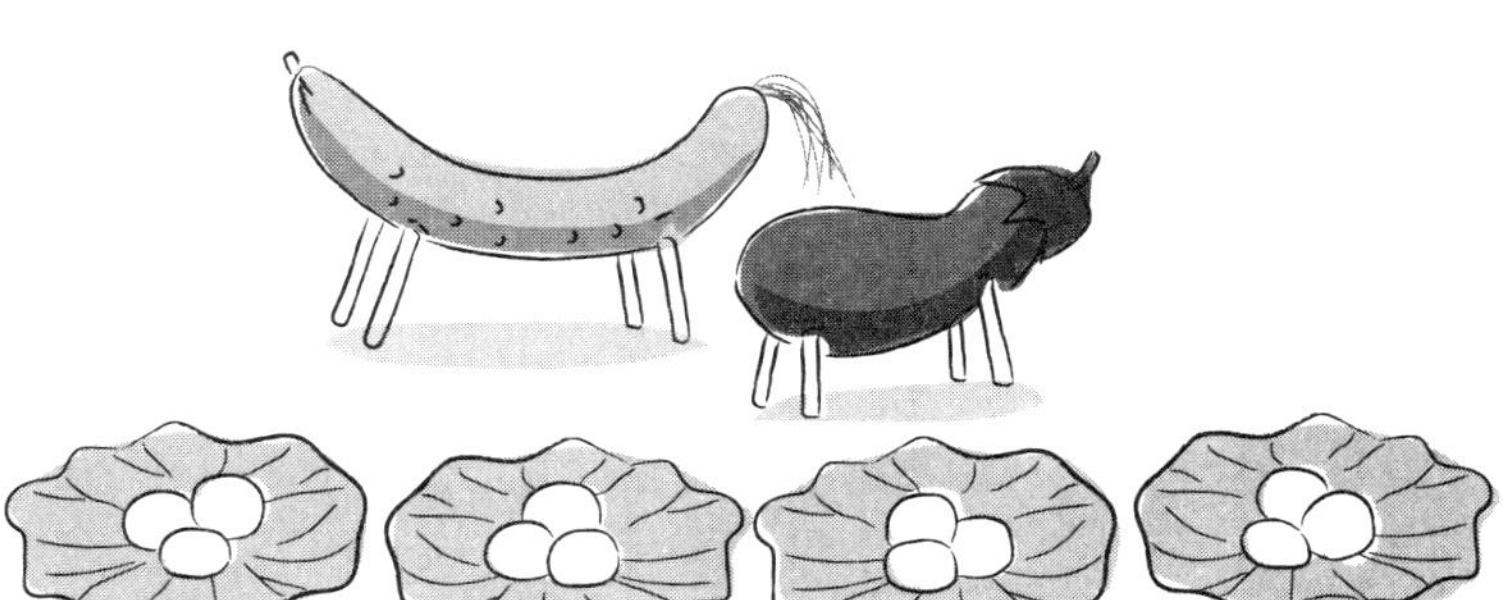

センチメートルくらいの葉を取ってきて、できた団子を桐の木の葉に五～六個くらい盛り、床の間に移した仏様に供える。また、同じように盛った団子を近くの薬師様にも持って行き、お供えした。

お供えが終わると、みんなが、「はしま」（日が長くて腹が減るため午後四時頃軽食をとること）として同じ黄粉団子を食べた。春になり、日が長くなると、日没まで農作業をする当時は、「はしま」を食べたものだ。だんだんと日が短くなるこの日を境に、迎え団子を食べた後は、「はしま」はなくなる習慣となっていた。

墓の花立ては、当日竹を切ってきて、竹の節を底として、上は花入れの筒、節より下は斜めに尖らして土に立てやすくして作る。同じく線香立ても直径二～三センチメートルの小さい竹で節の上三センチメートルくらいで切り、節より下は長くして先を斜めに切り尖らして作る。夕方近くになると墓にお参りに行く。

新しく青竹で作った花立て、線香立て、木槌、花はやはり盆花といって、女郎花《おみなえし》と桔梗、ミソハギだけ、水に線香、米、灯明《とうみょう》に必要な植物油（家により椿油、菜種油、へんだ油《ゆ》（榧《がや》の実の油）が使われていた）、かわらけ（土器の皿）、灯心《とうしん》を持って行く。

墓の前の花立ては両側に、線香立ては中央に木槌でそれぞれに立て、花を立て、水、線香、米を供え、灯籠に灯明をあげる。

また墓地の隅に、伽仏《とぎほとけ》さんといって餓鬼《がき》、無縁の亡者《もうじゃ》に花立て一本、線香立てを立てて、施《ほどこ》し祀り、仏界安寧《ぶっかいあんねい》のため、お供えすることになっていた。

日が暮れてくると迎え火を門口《かどぐち》で焚いた。

麻柄《おがら》に火をつけて焚き、

「仏さん仏さん、この火の明かりでどうぞ来てござっしゃい」

と唱えながら焚いた。

それが終わると、仏様が風呂に入られることになる。

沸いた風呂の蓋をとって、

「お風呂が沸いたけん、どうぞお風呂に入ってごしなはい」

と唱えて暫く蓋をとっておく。

夜は、盆提灯に火を入れたり、灯明は、かわらけに菜種油を入れ、灯心二本を端に少し出しておき、火をつけて灯し、お膳をお供えする。

灯心の作り方

灯心はイグサを割って茎の中の綿のような芯を使う。成熟したイグサを刈り取り、よく干して乾燥させる。乾燥したイグサの元の方を三センチメートルくらい二つに割る。長いイグサをきれいに二つに割るために、広げた扇子の紙が張ってあるところと、要との間の骨の中ほどの骨一本に跨《また》がらせて元を割ったイグサを差し、扇子を閉じて持ち、差したイグサの端を二本一緒に引っ張ると中の芯と皮に分かれて灯心がとれる。昔の人は、よく考えたものだ。

椿油とへんだ油の作り方も披露しておく。

椿油はもちろん藪椿《やぶつばき》の実の油である。

野山に春咲いた花が丸い艶やかな実をつけ、秋には、えびて（花のように開いて）殻から三〜四個の黒茶色の実が落ちてくる。

これを拾い集めて臼で細かく砕き、釜（鍋）に入れ、水も多く入れて炊き込むと、油が出てきて上に浮く、それをうまく掬《すく》い取りながら水と油を分離して容器に入れておいておく、暫くしてからまた容器の下の水分を外すため油だけを上手に回収して作るのである。

作った油は、灯油、頭髪にも使われていた。食用に使えるとも聞いていた。

へんだ油はへんだの種で作る。

秋、実がピンクや薄紫の色に熟した頃、実を拾ったり、木をゆすって落として拾い集める。実の外の果肉を取るため、集めた実を持って川か堤《つつみ》（農業用水のための大きなため池）に行き、実を足で踏んでつぶし、竹ぞうき（竹で作った容器）に入れて、水につけ、沈めたり浮かせたりしながらうまく果肉を捨ててゆく。果肉が種についているのは、揉むようにしてそうきの目で擦り、きれいに洗う。

洗った実は筵《むしろ》の上で干しておく。この実を使って油をとるのである。

実は臼で細かく砕き、これを蒸して、麻で作った直径二〇センチメートル長さ四〇センチメートル程の専用の袋に入れる。

油を搾るには、長さ二メートル幅七〇センチメートル高さ四〇センチメートル程の木材を削って作った道具が使われた。中央に幅二〇センチメートルで長さ四〇センチメートルの先細の穴があり、その下は油を受ける容器が出し入れできるようになっていた。

中央の穴にへんだを入れた麻袋を入れて持ち、空いた両方に厚い板を差し込む。板と台の間に楔《くさび》をかけや（大きな木槌）で打ち、麻袋を挟みつけて絞る。

楔が効かなくなると板を増やして更に楔を打ち込んで絞り油が作られた。

ちなみに椿油もこの方法で作ることができる。

お盆（八月十四〜十五日）

十四日朝は、いつもの農家の朝間《あさま》仕事（牛の餌の草刈り、餌やりなど）を終え、赤飯を作り仏様にお供えする。家族も朝食に赤飯をいただく。これよりお盆の間、仏様には朝昼晩精進料理をお供えする。

お盆の間は、肉や魚は食べてはいけないことになっていた。何故か親が健在な人は、わざわざ十四日の朝食に魚を食べる習慣となっていて、魚の缶詰やいりこなど形式的に食べた記憶がある。

朝食をとるとすぐにお盆の行事が始まる。家族みんなで墓参りをすることが慣例であった。お参りする水、線香はいつものものであるが、米は別である。米の中に生のささげを五ミリメートルくらいに切り混ぜる。また、茄子も一センチメートル角くらいの立方体に切ったものを混ぜ、重箱に入れ持って行く。家族一人一人が、前日に立てた花に水、水皿にも水をあげ、線香立てには線香を立て、米を水皿の横にお供えして手を合わせて拝む。

また、墓地の隅の伽仏《とぎほとけ》さんにも必ずお供えする。我が家の墓参りが済むと、近所の墓にもお参りした。それから今も同じだが、親戚に初の盆（亡くなってお盆までに四十九日の法要が終わった、初めてのお盆）のところがあれば何はさておき、そちらの墓参りが優先で、家族代表がお参りした。

また、よこや（神主）さん、お寺（菩提寺）さん、かかりつけのお医者さんに、米を米袋に入れ持参して盆礼に行くのが慣例になっていた。
親戚にも盆礼といって、おじさんおばさんの家にお互い行ったり来たりしていた。子どももよくこれに連れられて行ったりしたもので、よき思い出がある。

朝間仕事

朝間仕事とは、朝食を食べるまでの朝の仕事のことである。夜が早く明けるようになり、田植えが終わる頃になると、野の草も伸びてくるので、夜が明けたらすぐに女は牛の餌になる田んぼの畔《あぜ》の小草《こくさ》刈りに行く。

畔の草を刈ることにより、田んぼの整備にもなり一挙両得の仕事である。

また、男は牛舎に毎日草を敷き、「まやごえ」（田んぼ用の堆肥）を作るため山草《やまくさ》（芝草《しばくさ》とも言っていた）を山（採草地）に行き刈って、それぞれが背負って帰る。

牛を連れて行けるような山には、時々牛を連れて行き、山草を背負わせて帰ることもあった。

小草は牛の餌として「押し切り」で三センチメートルくらいに切って米糠などを振りかけ、牛に与える。

山草は、太い木があれば葉っぱを鎌で削いで木を取り除き、厩《まや》に山草を広げて敷く。削いで取り除いた枝木は、そくって（束ねて）もだり（軒下）に積み、乾燥させて薪《たきぎ》にする。

これが農家の日課である朝間仕事。日が長くなりだす春の彼岸から、日が短くなる秋の彼岸頃まで続いた。

送り盆（八月十六日）

この日は早朝に送り団子を作り、お供えをする。

迎え団子と同様のものだが、黄粉は付けずに白玉粉をまぶした白い団子。

団子をお供えしたら、床の間に飾りお供えしていた盆花、胡瓜と茄子で作った牛馬、果物、お膳の食物、送り団子などをまとめ、例年流しに行く川岸に納め、線香、米など奉り、

「さいなら、また来年もござっしゃい」

と唱えながら拝んで、精霊《しょうろう》流しが終わる。

夕方、薄暗くなると、門口で麻柄を焚いて、

「仏様この明かりで帰らっしゃい、また来年もござっしゃい」

と唱えながら送り火を焚き、お盆の行事は終わりを告げる。

愛宕《あたご》さん（八月二十四日）

三成の町の南の山に鎮座まします愛宕さんは、稀にみる賑やかな夏祭りである。

今でもその賑やかさは続いている。

この日に合わせ愛宕山に一夜城《いちやじょう》（大きな布の幕に城を描いて掲げ、背後から照明で再現した城）ができる。新聞などでよく紹介され、話題となる程のものである。

昼間には太神楽《だいかぐら》、夜に入ると神代神楽《かみよかぐら》、地元や近隣の町から繰り出す仁輪加《にわか》、花火、催し物、夜店も多く出ていて夜遅くまで賑わう。家族みんなで夕方から出かけて見物し、明け方の二～三時ごろ家に帰った。夏の暑い日でも、帰るころには、さすが、ひんやりと涼し過ぎる程になり、秋も近くなってきた気配を感じた。

明くる日の後祭りの夜は盆踊りで、大きな輪ができ、本町《ほんまち》いっぱいになり、夜遅くまで歌と踊りで賑わった。

延命地蔵廻り《えんめいじぞうまわ》（八月の頃）

日時は決まっていなかったが、毎年の行事として日時を決め、集落全戸一人ずつ出席し、お堂（どこのお堂からかわからない）から高さ一メートルくらいの延命地蔵さまを借りうけて、各家を背負って廻り、家ごとに延命地蔵さまを床の間に奉り、全員で般若心経を読《ど》経《きょう》して、家内安全、健康で長生きできるよう祈願された。

万経《まんぎょう》（八月の頃）

万経も日時は決まっていなかったが、この頃の行事として日時を決め、集落全戸一人ずつ出席して、予め決められた家で般若心経が読経された。

一日でこの心経を一万回唱えるのである。出席者三〇人であれば、三三四回、即ち全員で一回読経すれば三〇回読経したこととして計算する。

木魚を叩く音頭取りとマッチ棒を一回ごとに一本置き数をとる者をおいて、早口で読経された。

こうした家内安全吉祥祈願も毎年の行事として行なわれていた。

柿渋《かきしぶ》作り

この頃になると柿渋作りが行なわれていた。

柿渋は木や紙に塗ると防虫防腐の効果があり、光沢のある赤茶色の塗装となる。屋内で使用する農具の、唐箕《とうみ》、板箕《いたみ》、はあこ（竹ひごで作った籠に使用済みの和紙を何枚も張ったもの）、渋紙《しぶかみ》（四畳や六畳の大きさの紙の敷物、夏の敷物や、穀物を干すのに使われた）、調度品、家によっては家屋にも塗られた。何回も塗ることにより段々と風合いが出てくるものである。

柿渋作りは、渋柿の木の青い実を取り、蔕《へた》ごと臼に入れ杵で搗いて砕く。砕けたら同量の水を加えてよくかき混ぜ、布に入れて絞り、瓶や一升瓶に入れて座の下（床下）などの涼しいところで保管しておく。二〜三年保管したものを出して使用された。

第三章

秋

九・十・十一月

二百十日《にひゃくとおか》（九月一日の頃）

二百十日は、立春から数えて二一〇日目。

この時期は台風の時期であり、農家の厄日として当時は恐れられていた。

現在の稲作は早く収獲できるものが大方だが、当時の稲作はちょうどこの頃は稲の開花期、稔りの時期で台風がくると不作となる。

天気予報がない頃のことだから、この時期になり風が吹きだすと辰巳風《たつみかぜ》（今の方位で南東の風。台風のこと）が来たと言って大騒ぎであった。

おじいさんは、家に当たる風を和らげるためだといって庭先に杭を打ち、長い太い竹竿を立てて縛りつけ、風の玉を裂くのだと言ってやっていた。

今思えば滑稽な話だが、風が家に当たり音を立てると、子ども心にも本当に怖かったから、竿で風の玉が裂ければよいにと願っていたものだ。

虫送りの行事（九月中旬）

稔りの秋になると、芯を食って穂を枯らす髄虫《ずいむし》、ウンカ、カメムシ、蝗《いなご》など、稲に虫がつく。そこで当時は、虫がつかないようにと虫送りの行事があった。

仁多《にた》町誌に記されてはいるが、行事の方法内容はよく覚えていない。少し地域が違ってもしきたりはかなり違うことがあるのでわからないのが残念だ。日時もわからない。

社日《しゃにっ》つぁん（九月二十日の頃）

春分・秋分の日に一番近い戊《つちのえ》の日が社日つぁん。

近くの社日様に稲穂四本根元から切り取り、またにして掛け、お参りし、五穀豊穣を祈願する。

ちなみに午後の農作業は休みであった。

彼岸の入《い》り（九月二十日）

彼岸の入りは、墓掃除の日として掃除し、お参りした。

秋分　彼岸の中日《ちゅうにち》（九月二十三日）

この日は、今でも行なう先祖を敬う日で、仏壇におはぎ（またの名はとなあしらず）、または餅を搗いてお供えし、墓参りをした。

午後農作業は休みであった。

鉄漿《おはぐろ》

曾《ひい》おばあさんは、歯を黒くしていて、かねつけ（鉄漿）おばあさんと呼んでいた。

歯を染める材料は、秋になるとふしの木（別名ヌルデ）にできる実のような瘤《こぶ》（当時は、ふしと言っていた）、文献によるとオオミミフシアブラムシなどのアブラムシによりできた三センチメートルくらいの癭《えい》（袋状の瘤）。

これを山に取りに行き、持ち帰って干して乾かし、保存しておく。このふしで鉄漿を作るのである。

作り方は、保存しておいた癭を粉にして、素焼きの茶碗に入れ、水を加え、古釘を入れて囲炉裏で温める。タンニンを豊富に含んだ粉と鉄分により、黒い液ができる。これを付けると綺麗に歯が染まり、鉄漿にされていた。また、衣類の染料にも使われていたようだ。

亥《い》のこさん（十月上旬）

十月に入って最初の十二支の亥《い》の日が亥のこさんである。

この日の行事は特になかったように思うが農家は午後休みであった。

この日何故か畑に入ってはいけないと言われていた。

特に大根畑に入って大根のミキミキ育つ音を聞くと死ぬと言われていた。

これもやはり農繁期で、あまり休みのない時期であったから、たまには休みなさいとのことからであったろうか。

氏神様の秋祭り（十月十三日）

春祭り同様賑やかな祭りであった。

稲刈り

農繁期はなんと言っても春の田植えと、秋の稲刈り、採り入れである。機械化されていない当時は、やはり近所同士の手代わりで作業が行なわれた。
鎌で稲を刈り、束ねておき、夕方になると全員で、刈った稲束を集め、背負って稲架場《はでば》（稲を掛けて干すところ）まで持って行き、積んでおく。稲運びが終わると小休止をして、月の明かりか、闇夜であれば、松明《たいまつ》の明かりで稲掛けをする。

稲架の稲掛けは、稲束を半分に分けて掛けると、一重《ひとえ》掛《が》けとなって竿に多く掛からない。乾燥は早いのだが、稲架場を多く作らねばならない。一般的には二重《ふたえ》掛《が》けが主流だったように思う。二重掛けは稲束を三対一くらいに分けて掛け、次に掛ける稲束は太く分けて掛けた方に小さく分けた方を掛ける。即ち交互に掛けていく。倍とまでは掛からないが相当量掛かるものである。

稲束を渡す者、受け取って竿に掛ける者、高い竿に上がって掛ける人、そこへ稲束を投げ渡す人（稲束の束ねたところを持ち、もう一方の手で稲穂を捻《ね》じって持ち、上の人が稲をかけ終わった頃合いを見計らって投げ上げる）と分担して稲掛けし、ようやくその日の作業が終わり、遅い夕食となった。

この頃には、学校から帰るとすぐに柿の木に登り柿の実を取り、稲刈り作業の田んぼに持って行く。たばこ（方言で休憩のこと）に田んぼの畔に座り、みんなでわいわいお茶を飲みながらおやつのたしに取ってきた柿の皮を剥ぎ食べるのが楽しい日課であった。

雨の日は、刈った稲の束がいつまでも乾かないので稲刈りはできなかった。天気のよい日でも露が上がってから刈らねばならないのである。

こうした限られた日の中での手間のかかる作業なので、少しでも稲刈りが集中しないように、また一つの品種だと台風の影響などのリスクが大きいことから、稲の品種も早稲《わせ》、中手《なかて》、晩稲《おくて》といろいろ取り入れて栽培されていた。

稲架《はで》は、地方により色々な形態がある。当地方の稲架は、日当たりを考慮しながら、田んぼに一間（約一メートル八〇）ごとに杉の木の支柱を六〜七本直列に立てて、一メートル二〜三〇の高さに竹を横に通して結わえる。その竹の上に肘《ひじ》を立て、こぶしまでを一つの間隔として二段目の竹を横に通し結わえながら八段作ったものが主流であった。風通しの強い田んぼでは稲架が倒れるのを恐れて六段くらいの稲架もあった。

また稲架が倒れるのを防ぐために、支柱ごとにしげ（つっかい棒）が掛けられた。支柱と竹の結び方、竹と竹を繋ぐ結び方、支柱としげの結び方は、それぞれ違っていて、合理的な結び方であった。

結び方の詳細については省略することとするが、普段よく結わえる角《つの》結びについて少し講釈をすることにする。

束ねる物に、縄の端を手前の下から向こうに出して二回まわす。手前の縄で輪を作り、向こうの縄の端を輪に通し、輪の根元に回してまた輪に通す。回した縄の上に輪の縄を乗せて、そこを親指で押さえて、輪にした縄の端を引っ張って締める。手前の縄で輪を作らず、向こうの縄で輪を作り、同じやり方で結んでも結べはするが、いくら締めて結んでも、ゆるく結ばれてしまう。必ず手前の縄で輪を作り結ぶのがコツであるが、案外このことが知られていないので、角結びのできる人に固く結べる秘伝を伝授しておく。

また結ぶ材料は、葛《くず》の蔓《つる》を適当な太さに裂いて使われていた。蔓を裂く時びりびりと小気味よい音がする。蝮《まむし》の鳴く声に似ていて蝮が出てくるといけないから、「はあ、はあ」と息を吹きかけながら裂くようにと言われていた。しかし蝮の声は聞いたことがない。本当かどうかは定かでない。藁縄がなえる機械ができ、出まわる時代になると、その機械縄で結ぶようになっていった。

また、稲架の大きさを示す単位は間《けん》数で呼んでいた。例えば、支柱を七本立てた稲架は六間まの稲架と呼んでいた。

稲架に稲が掛けられると、稲架場に独特の香りが漂う。稲が刈り取られた田んぼ、あちこちに稲架場が見られる頃となると、一段と秋の風情が増してくるようでもあった。

稲刈りが終わると「刈り祝い」と言って、稲束に鎌をかけ、普段より少しご馳走してお供えし、家族もいただき、労がねぎらわれた。

こなし（稲扱《いねこ》ぎ）・脱穀

「稲架二十日《はつか》」と言って、稲掛けして二十日くらいすると稲藁や穂が乾燥してくるので、天気のよい日の午後、稲架から稲束を降ろして二十束くらいをそくって（束ねて）担ぎ、家の中の作業場に積み込む。そこで長い時間掛け、夜なべをしながら脱穀して籾《もみ》と稲藁に分ける。

　私のおじいさんの頃は、幅二センチメートル長さ二〇センチメートル厚み五ミリメートルくらいの鉄の帯板を先を尖らせ、二ミリメートル間隔に台に止めた櫛のような千歯《せんば》に穂を挟ませ引っ張る千歯扱ぎで脱穀する原始的な方法であったようだが、私が知っている頃には、長さ一メートル直径五〇センチメートルくらいの回転する胴に長さ五センチメートル、太さ三ミリメートルくらいのU型の鉄線を逆さに、無数に取り付け、その胴を足で踏んで回転させる千歯扱ぎ機を使い、稲束をかざして脱穀するようになった。よく足踏みをさせられたものだ。

　脱穀した籾は、藁屑がたくさん混じっているので、風力で籾だけ選別できる唐箕《とうみ》を使い選別する。筵《むしろ》二〜三枚を竹櫛で繋いで輪にし、立てて筒状にしたところに、籾は一時的に貯えられた。
　当時この頃は、中手、晩稲の品種が収穫量がよいと奨励されたこともあって、採り入れ時期はかなり秋が深まってきていた。
　畑の芋類や大豆、小豆の収獲いろいろと重なって多忙な時期、おまけに日が短くなり人手も限られているので、家の中で夜できる仕事は、夜長を利用しての夜なべの仕事となった。

夜なべとは、夕食を食べてから寝るまでの間に働くことであり、こなしが始まる頃より、あくる年の藁仕事なども、夜なべがされていた。


戦後になると脱穀機が次々と改良され、動力の機械に稲束を噛ませると、自動で送り込まれて藁は排出される。籾は精製され筒から出てくるので袋に直接入れる状態になった。

こうなると短時間の作業だから、いちいち稲束を家に持ち帰らなくても、稲架場に脱穀機を置いて、稲を稲架から降ろしながら脱穀がされて、労力がぐんと減っていった。

現在では、稲の品種も改良され、天気がよい初秋の時期に収獲が終わるようになってきている上に、田んぼで刈り取りしながら脱穀し、籾を袋に詰めて持ち帰って、籾の乾燥機で乾燥させ、機械によるローラーで玄米にされる。

戦前の人力による農作業に比べると、今の農業は機械化され、労働は天と地の違いとなってきている。

こなしが終わると、刈り祝い同様に「こぎ祝い」が行なわれた。

臼引き

臼引きは、脱穀して貯えた籾を玄米と籾殻に分ける作業のことだ。今は全自動の機械により簡単にできるが、これも当時は大変な作業であった。

泥臼を回す道具、「かせ」を使って人力で回し籾を摺り籾殻を剥ぎ、唐箕で籾殻を吹き飛ばすと、米と籾が混じったものができる。これを金網の目の大きさと金網の傾斜を自由に変えられるとおしに通す。上の漏斗《じょうご》に入れ適量流しながら調節し、米と籾に分ける。分けた籾はもう一回臼に掛ける。この繰り返しが臼引きであるが、臼を回すのが本当に重労働であった。かせは二人でも回せるので大きい子どもは手伝わされたものだ。

泥臼とは、直径一メートル高さ一五センチメートルくらいの竹で編んだ丸い枠に底板を張り、粘土に苦汁《にがり》を混ぜて練ったものを中に入れ固め、クヌギの木を割って作った幅一〇センチメートル長さ一〇センチメートル厚みが五ミリメートルくらいの柾板《まさいた》を石臼の歯のように順序よく叩き込んで歯を作り仕上げる。

このようにして作ったもの二つを合わせ中央に心棒をつけ、中央から籾が入るように、漏斗もつけ、下には臼を回す鉄の棒で作ったクランクを取り付け、またクランクの下の受けには上の臼を上下して間隙が調整できるネジをつけて、クランクをかせで回し、上の臼を回すものであった。間隙が少ないと、米に傷がつくし、米が割れる。間隙を多くすると籾が割れにくくなり、米になる率が低くなり、効率が悪くなる。だからネジの調整は技術を要した。

紐落とし　七五三（十一月十五日）

紐落としは今とあまり変らず、生まれた年を一歳とし年号ごとに数えた数え歳で、四歳の子どもが対象で、父母に連れられ氏神様にお参りした。

当時着るものは着物であって、幼い子は着物の前が乱れないように着物自体に紐を縫い付けて、下の紐は左の脇下で上に出し、後ろに回して結んで着ていた。紐落としが済むと、紐を取り帯を結ぶことになる。これが紐落としの所以《ゆえん》である。この日を境に改まった時には帯を締めたものであるが、普段は着崩れがしにくい紐をつけた着物を着ていた。

初誕生のお祝い

年齢でお祝いをする七五三について述べたので、ここで初誕生の祝事などについて述べてみる。

初誕生のお祝いは、生まれて一年目の誕生日である。母親が嫁に来た家庭であれば、母の里の両親をお呼びしてのお祝いである。

一升の餅を搗き、一重《ひとかさ》ねの祝い餅を作り、布袋に入れる。客間で誕生の子どもに、祝い餅を襷《たすき》で背負わせ、おじいさん、おばあさんのところまで歩かせたり、はいはいさせて行かせ、頑張った頑張ったと言って手を叩き賑やかに祝った。

次に、床の間の前に、鉛筆、ノート、算盤、物差し、筆、曲尺《かねじゃく》などを並べ、自由に子どもに取りに行かせる。子どもが最初に触った品物により、将来の得意分野が予想され、その分野の職業に就くと言われていたので、子どもが物をとると、子どもの将来を話題にして賑わったものだ。

あとはお祝いの祝宴が催された。

還暦のお祝い

還暦のお祝いもあった。これは、還暦の親を子が祝うものだと言われていて、身内で祝い、あまり派手なものではなかったように思う。写真が珍しい時代に、写真屋さんに来てもらって写真を写したことなどは印象によく残っている。

米寿のお祝い

人生五十年と言われていた時代、当時の米寿のお祝いは該当者がごく稀であった。八十七歳の時には、親戚で祝い、八十八歳は地元の集落が農閑期の一～二月にお祝いをしたものだ。

日取りが決まるといろいろ準備に取りかかる。当日近所の人は、早朝より夫婦揃って当《とう》家《や》（八十八歳の家）に出かけて行き、ご馳走作りが始まる。

男は雑用のほか、野菜や乾物などを使って床飾りの島台《しまだい》を作る。私はその島台を見たことがないのでよく説明ができないが、話を聞いたところによると、台は末広形に作り、松は崖など自然に生えた格好のよい松を採り背景に立て、浜には大豆を、海には小豆を並べてあしらい、鶴の体はまつぼっくり、竹の枝で足首綿をつけて仕上げる。亀もまつぼっくりで、翁《おきな》、媼《うば》の頭は、小さなかんじり大根（寒さに当てて干した大根）、髪は白い麻糸《おいと》、着物は昆布、帯は干ぴょうなどを使って作られたようだ。人によっては水仙の芋を逆さにして、根を髪に似せた頭が作られたようだ。

一方集落では、各戸一人ずつ出かけて、ある家庭に集合、尺貫法で八升八合の糯米《もち》を蒸して餅を搗き、一重ねの大きな祝い餅を作る。

神輿《みこし》のように担ぐ担い棒に末広形の台を作り、祝い餅を乗せ、御神酒《おみき》をいただいて担ぎ、角樽《つのだる》を持って当家に向かう。寒い雪の中、交替しながら行くのであるが、みんなは、途中

何回も休み、御神酒をしっかりいただく。酒が切れると、

「酒がないので祝い餅を担ぐ人が雪の上に座ったまま動かない。酒をもって迎えに行って」

と当家に行き連絡する。

当家の男衆が、酒をもって迎えに行く。みんな酔いがまわり、歌って賑やかにさわぎ、少し移動しては、また休憩、酒を飲む。

なかなか当家に行かないが、これも一つの行事であった。

私たち子どもらは、これを見物したものだ。

ようやくにして当家に着くと、祝い餅を床の間に飾り、近所の者が準備した膳で集落一同、歌酒で米寿を祝い遅くまで宴が催された。

祝い餅は、みんなが米寿にあやかるため、あとで細かく裁断し、中折《なかおり》に包み紅白の水引で結ぶ。直径三センチメートル位の青竹で作った一升枡の「とぼ」（枡に米を入れた時平らに均すもの）を中折に包み紅白の水引で結んで、祝い餅と対でそれぞれ集落の各戸と、親戚などに配られた。

神等去出祭《からさでさい》（旧暦十月二十六日）

暦に十月は神無月《かんなづき》と記されているが、出雲は全国から八百万《やおよろず》の神々がこの地に集まって来られるので、神在月《かみありづき》と称していることは読者も知るところであろう。

神在月の神事は旧暦の十月に行なわれ、現在もそうである。

神迎えのことはあまり聞いていないが、二十六日は神等去出さんと言って神々を送り出す日となっていた。

この日の夕方は餅を搗くことになっていた。というのも、餅を搗き終わってからその杵に少し餅をつけ、家の雨戸すべてにその杵で軽く叩き、

「通らっしゃい、通らっしゃい」

と唱える行事があるからだ。

おそらくは意地の悪い神が入り込むといけないから鍵をかける意味での行事であろうと思われる。

またこの日は早めに家に帰り、夜は静かに過すよう言われた。何故か夜、大便に行くと、からさでさんがお尻を箒で撫でるから行くなと言われて怖い思いをして過した。

この時期は寒くなり、だんだんと木々の葉が落ちる頃となっていたが、神々が帰りの道中、峠の大きな木の下でたばこ（休憩）をされるので、天露をしのぐために葉は落ちないが、この日が過ぎると一斉に葉が落ちると言われていた。

第四章 冬 十二月

冬至（十二月二十二日）

この日は年間で夜が一番長い日、「冬至　とうや」と言っていた。しきたりは、豆腐を食べることであった。あまり柚子とか南瓜《かぼちゃ》を食べる話はなかったように記憶している。

そのころ農家では、正月、祭り、お盆などにはいつも豆腐が作られていたので、この日も当然作られた。

前の晩に浸しておいた大豆を、大豆一〇～一五粒、水一〇〇ccくらいを同時に石臼に入れながら摺り潰して大釜に入れ炊く。この時何故かしら、椿の葉三～四枚入れて炊かれた。煮上がってきたら水を少し注いで温度を下げて、竹のササラで混ぜながら煮る。これを二～三回繰り返し煮て、布袋に入れて絞り、液体即ち、豆乳に苦汁を入れて混ぜ、布を敷きまわした穴の開いた型箱に入れ、落とし蓋で押さえ、適当に水分が抜けたところで取り出し、水の中で四角に切って仕上げる。布袋の中の絞った粕は、きらじ、卯《う》の花《はな》である。

また夕食には呉汁《ごじる》も作られた。呉汁は二種類ある。

秋、柔らかい大豆（枝豆）を殻から出してかがち（すり鉢）で摺って味噌汁に入れたものと、大豆をよく乾燥させ石臼で挽き粉にして水で捏《こ》ねて団子を作り味噌汁に入れたものとである。他に蕪《かぶ》、芋、ねぎなども入れて作る。柔らかい大豆で作った呉汁は初秋に作られ、美味しく食べた記憶がある。

冬至に食べる呉汁は、あとに紹介したもので、前日から大豆を布袋に入れ、炬燵の中にぶら下げ、なるべく乾燥させ石臼で挽いて作られた。本当に美味しく、ご飯をあまり食べずにお代わりして食べ、

「馬鹿の三杯汁はやめなさい」

と言われたものだ。しかし、馬鹿の三杯汁の意味は今でもよくわからないでいる。


馬鹿の三杯汁で思い出した笑い話を紹介する。

ある時馬鹿婿が嫁の里に行った時、珍しい蟹が出たと。婿は日頃、蟹を食べる時は褌《ふんどし》を外して食べるものだと聞かされていたので、蟹の褌を外さず炬燵の中でもぞもぞしながら自分の褌を外して食べたそうな。

日常、人の話はうのみにしないでよく聞くものだとの戒めでよく聞かされた。

膝塗り（十二月一日）

確かこの日であったと思うが、膝塗りと称する、転んで膝坊主を怪我しないようにと祈願する行事があった。

朝食は小豆雑煮（善哉《ぜんざい》）で、これで膝塗りをしてから食べることになっていた。

箸で餅を小指の先くらいの大きさに切り、それを箸で挟んでズボンを捲《まく》り上げ、左と右の膝にそれぞれ餅を塗りながら、

「はあしもこうしも、こうぶがでんように（あっちもこっちも瘤がでないように）」

と唱える。

また左右の肘も袖を捲り上げて同様にして唱えて終わる。

子どもの頃は、このしぐさが恥ずかしくて嫌であったが、ぐずぐずしていると学校に遅れるのでやるしかなかった。

やった後は好物の甘い餅が食べられ満足であった。

八日《ようか》焼き　針供養《はりくよう》（十二月八日）

米の粉で餡入りの団子を作り、てき（囲炉裏で食物を焼くときに使う足つきの網）に乗せ、囲炉裏の熾《おき》でこんがりと焼く。

その団子に折れた針を刺して川に流し供養した。

あとは美味しく団子を食べた。

穢浄《けじょう》（十二月吉日）

この頃、火を使う場所、即ち囲炉裏、くど（かまど）など、穢《けが》れを除く穢浄（祈願するため）に、よこや（神主）さんが各家庭を回って祈願される行事があった。

盆に米を一升（一・八リットル）盛って囲炉裏にお供えする。よこやさんは持ってきた薄い板の上で手際よく中折で御幣《ごへい》を切り、竹串に挟み、塩を奉り祝詞《のりと》があげられた。終わると米を袋に入れ、次の家へと廻られた。

この時いただいた御幣は、神棚に置き、正月用の餅搗きの時、その御幣で清め、新しく迎える年の餅を搗いた。

だいしこさん　大師講《だいしこう》（十二月二十三日）

この行事は、とんと覚えていなかったが、仁多町誌を読んでみると、団子が作られた記憶がうっすらと蘇った。

細かなことは覚えていないが、小判形の平たい団子を作り、一斗升《いっとます》の中に二つ並べて置き、その上に二つ井形《いがた》に置く。何段か覚えていないが高く積み上げてお供えされた。

家族も同じ団子の小豆雑煮をいただいた。

餅搗き（十二月二十七日の頃）

この頃になると、どこの家でも正月用の餅が搗かれた。

ただ、二十九日は、縁起がよくない日だと言って、餅搗きはしなかった。餅搗きは音がするので、今日はどこそこの家が餅搗きだとよくわかったものだ。

当時搗く餅の量は半端ではなかった。家族の多いところは一俵《ぴょう》（六〇キログラム）は優に搗いた。二〜三日前に糯米を洗い、かやかして（水に浸すこと）おく。

当日は朝から糯米の水を切り、じいごしき（杉板で作った箱で、底に竹のすのこを敷いた蒸し器）に入れ、何段か重ねて蒸し、餅搗きが始まる。

蒸しては搗き、蒸しては搗きの繰り返しである。まず直径二〇センチメートルくらいの鏡餅を十二カ月分の十二重ね、うるう年は十三重ね作る。表の間に新しく織った筵《むしろ》を敷き餅を並べる。

鏡餅が終わると、飯茶碗一杯に餅を詰めて伏せた力餅《ちからもち》と、直径二センチメートル長さ一メートルくらいに引き伸ばした餅を二重にして結んで襷餅《たすきもち》を作る。

それから平餅《ひらもち》作りで、子どもが手伝って盆にのせて運び、表の間一杯になるほど並べた。

途中では、餅を棒状に延ばして細かく切り、山から切ってきたほうじきの木（やまぼうし）の枝に撓《たわ》むように無数に付け花餅《はなもち》を作った。縁起を担いでか、稲が実って撓んだように餅をつける。表の間の長押《なげし》や大黒柱に掲げ、鏡開きまで飾られた。

昼食には、柔らかい出来立ての餅でおはぎなど作って美味しく食べた。

これだけ沢山搗くと午後三時過ぎまでは優にかかった。

鰤市《ぶりいち》（十二月二十八日）

お正月前になると、ある程度大きな町では鰤市が開かれた。

例年、だぶりのないよう市の日が決まっていて、私の町、三成は二十八日が鰤市の日であった。

町には市が立ち、遠くから海産物など売る露天商がところせましと軒を並べた。

各家庭ではこの日に正月料理の材料など買うのが習慣であった。

普段は見られない活きのいい魚、特に鰤、ワニ（鮫）などは、流通が悪い頃であったため、子どもには珍しいものであった。他に、イカ、鯛、鯖、赤貝なども売られていた。

また昆布、神葉草《じんばそう》（ほんだわら）、するめ、数の子、からんま（田作り）、かつおぶし、みかん、雑煮になくてはならない生のりなど、数多くの品物が並べられ、売られていた。

特に生のりはピンからキリまであり、汁に浸した時、幅が狭いものほど香りがよく美味いとされていて、当時も十六島産《うっぷるい》がよいとされていた。

正月に使う魚は、大きい鰤かこの地方独特の比較的日持ちのするワニが買われた。購入した大きな魚は、早速正月用の吸い物などに使われるよう、日持ちのする、煮付けなどに処理された。

あまり刺身などで食べることはなかったように記憶している。

大晦日《おおみそか》（十二月三十一日）

大晦日は大歳《おおどし》とも言っていた。

この日は、既に「松迎え《まつむかえ》」といって山から切ってきて準備していた松などを使って、床などに正月飾りをする日であった。しかし、家人《かじん》に不幸があれば、三年間はこの正月飾りはしない慣例になっていた。

まず床の間に正月飾りを作る。

床の正面に新しい米俵二つを縦に並べて置く。

その上に新しく織った筵《むしろ》を二つ折りにして敷き、一斗枡、とぼ（枡に物を入れ計る時、平らにする直径六~七センチメートル、長さは枡の径より少し長い丸い棒状の木）、鏡餅、力餅、襷餅、橙《だいだい》を飾る。

飾った俵の左右の前に二メートルくらいの三階松《さんがいまつ》（車枝《くるまえだ》が三段ある松）を一本ずつ立て、

福が膨らむに準《なぞら》えて、赤い実のなっているふくらし（そよご）の木も添えて立て、譲り葉、もろもき（うらじろ）も添え、藁で作った袴で松の根元を覆い綺麗に仕上げる。

上には左縒《よ》りの縄で、適当な間隔を置いて三本、五本、七本の垂れを藁で作り、中折りを切って作った幣《へい》も取り付け、しめ縄を張る。

それぞれの松の芯にも幣を取り付け、枝には間合いよく、神葉草（ほんだわら）、するめ、昆布を吊るして飾る。

前述したように長押には、ほうじき（やまぼうし）の木の枝に細かく切った餅を撓むほどに付けた花餅を飾る。

大黒様にも、大黒柱に松一本、ふくらしの木など結び付け、袴をつけて床の間の松同様に飾り付けをする。

花餅も取り付けられた。

正月のご馳走も寒い冬なので、暮れに作られた。

黒豆、からんま、数の子は勿論のこと、牛蒡、人参、里芋、長芋、干瓢、干し椎茸などの農産物での料理。また祭り、お盆などと同様に、それぞれの旬に取って、塩漬けしておいた、筍、蕨、薇《ぜんまい》、蕗、茸などを、二～三日前に取り出し塩抜きして水にさらし、煮しめにしてご馳走が作られた。

今でも若干は作られており、懐かしいご馳走を時々いただいている。

何故か長芋は皮を剥がずに煮られた。ちなみに仏事のときは皮を剥いだ白い長芋であった。

当時の料理は、丸ごと煮しめて、諸蓋《もろふた》（餅を並べておく箱）に藁を敷きその上に並べて保存された。食べるとき、適当に切って盛りつけされていた。

現在のように多くの食材が流通してはいなかったが、正月には赤い板蒲鉾、野焼《のや》きなどが買われて料理に添えられた。蒲鉾類は普段食べていないものだから本当に美味しかったことをよく覚えている。

また、どういう理由かよくわからないが、大歳はなるべく遅く夕食を食べるのがよいとされていたし、正月の準備が遅くまでかかっていたので、かなり遅い夕食にありついていたように思う。

また大晦日は、夜を明かすものとも言われていたので、家族賑やかに過した。ラジオが地区に一～二台しかない、勿論テレビもない時代だから、家族みんなで、カルタ取り、花ガルタ、トランプ等で賑やかに夜を明かした。カルタは「年寄りの冷や水」「われ鍋に閉じ蓋」「老いては子に従え」「イカの甲《こう》より年の功《こう》」などのものであった。

遅くなると大人たちは、大晦日の働きで疲れ、寝る者もいたが、十時が過ぎる頃となると、年越しそばが打たれて、それをいただいてまた時を過ごした。

第五章

いろいろな思い出

地域の共同作業

道路の整備清掃

当時の道は、舗装の道ではなく地道であった。草が生えたり雨で土が流され、溝ができたりして、荒れた道になることがしばしばであった。

そうした道は、利用する地域の人が各家から出かけ、共同で定期的な整備清掃はもとより道の補修や雨で崩れたりしたところを道普請していた。

作業は、殆んど人力で行なわれ、土運びはもっこで運んでいたようだが、私が知る頃は、猫車（一輪車）が使用されていた。しかし、今のような一輪車ではなく、車輪は車輪の径の大きさの木を輪切りにして作ったもの、心棒も木の心棒、車全体も木で作ったものであった。使うほどに車輪が変形し、荷物を載せて運ぶと、車輪がゴトンゴトンと回転する、かなり力が必要なものであった。

また当時の橋は土橋であった。土橋とは、川の幅に合わせた太さ長さの丸太の木を何本も川に渡し、その上に適当な太さの丸太を横に並べ敷き詰めて、上に土を盛って仕上げた橋のことである。

この橋が古くなると、農耕に使う牛などが歩くと穴が開くようになる。だいじな牛が怪我でもしたら大変である。このように古くなると、地域の利用者が総動員で普請したものである。

今は車社会となり、町道はもちろん、作道までも拡張され、舗装もされて補修の必要も少なくなり、利便性のよい道となって、昔の情景は跡形もなく消えてしまっている。

堤普請《つつみぶしん》

田んぼの稲作に欠かせないのが水である。

その水の渇水対策として、田んぼの上流の山の谷間には、昔から土手（堰《せき》）を作り、堤（ため池）が作られていた。

田んぼに水が減るようになると、下流にある田んぼの所有者同士で話し合い、当番を決めて、堤の「のみ」を抜きに行く。

堤の土手の内側には水面から底まで、底から土手を貫いたコンクリートの排水管（それ以前は、大木を半分に割り、くり抜き、合わせたもの）が設置されており、その水面から底までの管には四〇〜五〇センチメートル間隔に直径五センチメートル位の穴が開いていて、三〇センチメートルくらいの長さの木ののみ（栓）がしてある。尺八のように穴が開いている管だから、確か尺八と呼称していたと思う。

上の一本ののみを抜いて、穴には木の枝を差し、水の調整と、ごみが入らないようにする。堤の水位が下がると、順次下ののみを抜いて行くのである。このことは、現在も行なわれていることであろう。

その堤の土手が古くなり、水漏れがして決壊すると大変なことになる。昔からの経験を活かし、そのようなことがないよう、ある時期を見計らい、水が必要のない秋などに、地域の人が共同で堤普請を行なった。これも当時は人力で行なったが、特に土手の内側は強く土を固めねばならなかった。

直径五〇センチメートル位の石を縄で絡み、その石の周りに八本以上の綱をつけ、その綱を人がそれぞれに持ち、八方から勢いをつけて一斉に引っ張り、中央の石を上にあげ、一気に綱を緩めて落とす石突《いしづ》きという方法で地固めした。

また太さ三〇センチメートル、長さ七〇〜八〇センチメートル位の丸太の木を縦にし、持ち手をつけて二人〜三人で、向かい合って持ち上げては落として固めた。法面は、掛け矢（大きな木槌）などで叩き固められた。

特に石突きは、労力と調子を揃えることが肝心で、そのため大きな声で、歌など唄いながら調子を合わせてやるので、賑やかなものであった。

歌の歌詞は覚えていないが、「ヨイトマケ」のようなものであり、子どもたちは面白く見物したものだ。

茅葺《かやぶき》屋根の葺き替え

当時の農家の屋根はほとんど茅葺であった。

日当りのよし悪しにもよるが（日当りがよいと長持ちがする）、二十年前後経過すると傷んでくる。こうなると、春の農閑期を利用して、職人と、近所の人たちに手代わりをお願いして、屋根の葺き替えが行なわれた。

稲架《はで》の材料を使って足場を作り、屋根に上がり古い茅を上から剥がしてとり、下に降ろす。骨組みだけになった屋根に一定の高さ横一列に新しい茅を少しずつずらして積み、中程を小さい丸竹で押さえ、丸竹と屋根裏の垂木に専用の槍で縄を回し、足で踏んで締め付けて結ぶ。同じようにまた一定の高さに茅を積んでゆく。新しい屋根にも足場を作り葺いていく。降ろした古い茅も選って、よいものは新しい茅に混ぜて使う。葺き終わったら、上から専用の大きな鋏で綺麗に刈り整えながら下りてきて、一連の作業が終わる。

屋根の大きさにもよるが、この作業は二～三日はかかる。

材料の茅は、毎年秋に茅刈りをして、平地や田んぼに持って行き、直径一五センチメートル位に束ねた茅を三束、下より四分の三あたりを結わえて三角に立てる。それを中心に、下が直径一・五メートル位の輪になるように、他の束ねた茅を立てかけ、円錐形になったものを五～六カ所横に縛る。上の方は細かく縛る。これを「すすし」と呼んでいた。

すすしは、秋から冬、春三～四月頃までそのままおき、乾燥させてから家に持ち帰り、家のあまだ（合掌部分の空間）に積んで囲炉裏の煙で燻し、強くしながら蓄えてきたものを使っていた。

昼食、夕食は賄い付きであった。

夕方作業が終わると、順次風呂に入り、夕食をいただくのだが、ご馳走され、酒も酌み交わされて、時には歌も歌われた。

三成町の大火（昭和二十年四月十八日）

正午頃、上三成《かみみなり》で、外に七輪を置き昼食の魚を焼いていたところ、折からの風により家に飛び火して火事となり、春特有のえばやき（フェーン現象）と風にあおられ、飛び火に飛び火で町全体があっという間に全焼した。

かろうじて町の南側の二戸と西側の二〜三戸が残った。

その他、町北側の山と矢谷《やだに》、里田《さとた》、石原、湯の原などの集落も一部が延焼し、翌日になってようやく鎮火した大変な大火事であった。

資料によると、わずか三時間ほどの間に三成町の中心街四一三戸、役場、警察署、県土木事務所、郵便局、小学校、神社など合計四八一棟が全焼。山林三三五〇町歩、布勢村の山林二〇町歩が焼けたと記されている。

ちょうどその日は、集落の出征兵士を三成駅に送る日であり、送る途中宮原《みやばら》から見て、上三成から煙が出ていたと後から家族に聞いた。それが火事の始まりであったのだ。

その日の学校は、戦時中であり出征されている家庭への奉仕作業の日で、四〜五人ずつ各班に分かれて、出征兵士の家庭に行き麦の草取りなどをしていた。

私の家も兄が出征しており、生徒が来てくれていて、いっしょに田んぼの麦の草取りをしていた。

お昼になり、みんなで昼食を食べた後、裏の椿がよく咲いており、誰もが持って帰りたいと言ったので、兄貴と椿の木に登り、あれがいい、これがいいと取っていた矢先、どのような連絡情報であったかよく覚えていないが、

「三成の町が大火事のようだ」

との知らせがあった。

町の方角の山の上の空を見ると、とてつもない幅で黒煙が勢いよく立ち昇っていて、一目見て、子どもでもただごとではないと感じるほどのもの凄いものであった。

とにもかくにも生徒たちに早く帰ってもらうのがよかろうということで、帰ってもらったが、女生徒たちは泣きながら帰宅の途についた。

そうするうちに、町から帰ってくる者から次々と情報が入る。

町を流れる斐伊川《ひいかわ》を越えて飛び火し、宮原が焼け、神社が焼け、朝日町が焼け、向かいの山のお寺も飛び火で焼け、上《かみ》からと下《しも》からと、町を挟み撃ちのようにして焼けているとのこと、これだと町は全滅だと思われた。やがて町の北側の山が燃えだし、延焼して来ているとのこと、そうすれば私の集落も危ない。

家の物を外に出そうか出すまいか、大人は迷った。そうするうちに、あちこちの家から物が田んぼに出されだした。どの家も出さねばならないので、お互い手伝うことができなかった。大人はもちろん、年寄り子どもも手伝って大事なものから優先して出していった。

ちょうどその時、母は病気で一人で歩けない状態であった。

母は、

「早く避難を」

とせっかちに催促をしたが、大丈夫だからといってだいぶ後から運ばれた。

後から考えてみると、誰もが大きな声を出しながら物を持って出て行くので、取り残されてはと心細く思ったことだろう。

最初は半信半疑で物を出していたから、病気の母は火事の様子を見て、いよいよの時に運べばとの判断であっただろうが、母の心境を考えると、ここはやはり早くに避難するようにした方がよかったのにと後になって思った。


やがて近くの山の裏側が焼けているとの情報が入る。その山が燃え、下がってくると麓の家が焼けてくる。すると一気に隣りの家、またその隣りの家と焼け出す恐れが出てくる。

大人たちは口々に言った。

「山に火道《ひみち》を切らねば」

と、各家の男どもが家財道具を出すことをやめて、山の尾根伝いに火道を切るため出かけて行った。

火道を切るとは、山の尾根などに一定の幅で草や木を刈り取り、枯葉など燃えるものを取り除き、火が燃えてきてもそこで延焼しないようにする作業のことだ。

その頃になり、隣り村からの消防応援の人たちが次から次へと駆けつけて、火道を切りに行かれた。

また家財道具の運び出しも手伝ってくれて、本当にありがたいことだと子ども心にも強く感じた。

火道を切りに行った麓の山は時々大きな火柱と煙は見えてくるが、火道を切ったせいか山から火が下りてこなかった。あまりにも大きく延焼してきた大火事であるため、殆どの山は手付かずで焼け放題であった。やがて遠くの山々がくすぶりだし、時には勢いよく燃え上がりながら延焼していった。

日が暮れる頃になり、火道を切りに行っていた父たちが帰り、

「火道を切ったので山の尾根から下に火が下りない状態になったから、恐らく大丈夫だろう」

と言った。

ようやく、私の集落は延焼は免れるような気配になって、少し気が落ちついてきた。しかし外が暗くなると、向かいの遠くの山が時々火が大きく燃え上がり焼けるのが派手に見え出してきて、本当に大丈夫かな……とまた不安になってきた。

やがて近隣の村の親戚が来られ出した。来られたおじさん、おばさんの話を聞くと、ここも恐らく焼けているだろうとの予想で、握り飯などを作って出てきたが、途中火事で通れず回り道をしながらで、やっと着いたとのことであった。

この頃になり雨がぽつぽつと降ってきたが、濡れるほどのものではなかった。しかし、出した家財道具が濡れるといけないので、またも大変であった。八時頃になってからか、ようやく火の勢いがなくなってきたので、もう家が焼ける恐れはないだろうと、今度は親戚の方に手伝ってもらいながら家財道具を家に運び入れた。

明くる朝、起きてみると、近所の山は別として、遠くの周りの山々は黒く焼けた山となっていた。学校に通う二キロメートルの道端の山もみんな焼け、山を越えたその麓の家々も全部焼けていた。途中三成の町や学校が見える所までくると、全部が焼け野が原になっており、本当にびっくりした。

戦争がいよいよ激しくなってきて、高学年は勉強もせずに食糧増産の奉仕作業が続いていた最中、学校が焼けてしまってダブルパンチ、高等科の学生は学校の焼け跡の片付け作業が加わり大変な日々が続いた。

日が経つにつれ、義捐《ぎえん》の物資が山のように届いた。衣類、食器類から藁草履まで、また炒り豆、干し芋なども届いた。運よく焼け残った加藤医院は仮役場となり、そこから各被災者に義捐の物資が配給されていった。学校の作業で午後の休憩時に、義捐の炒り豆、干し芋が少し配られると、それが唯一の楽しみであった。

やがて家が焼けた各家庭には徐々に材木が配給され、小さな家がぽつぽつと建っていった。

学校も鳥上《とりかみ》の蚕飼《かいこ》育棟を学校にと移転建築されることが決まり、建設される時の手伝いもすることになった。

壁は、二～三センチメートル幅くらいに割った竹を細かく縦横に通して作ったこまい竹に土を塗った泥壁であった。こまい竹の材料の竹や泥壁の材料になる粘土質のねば泥を宮原から大八車で運搬、ねば泥に水を掛けて足で踏み、四本鍬で打ち返し混ぜては踏む、押し切りで藁を三～四センチメートルに切ったすさ藁を混ぜてまた踏む。藁が柔らかくなってから再度踏んで混ぜて粘りを出して、左官の所に運ぶ作業が何日も続いた。

低学年の授業は、焼け残った集落の納屋を借り、先生が手分けし、分散して行なわれた。

石原集落、高尾分校、矢谷集落に仮の校舎ができ、学校が建つまで授業が行なわれた。

矢谷の学校は、たまたま私の隣りで、門名《かどな》（屋号）が沢掘であったので、通称、「沢掘学校」と呼ばれていた。

私は、近くでありながら高学年のため、一度もそこで学べなかったが、早く学校（作業）が終わった時、先生がまだおられると、よく遊びに行った。毎日学校で作業ばかりが続いて面白くない時に、楽しいひとときが過ごせて本当によかったことの思い出が強く印象に残っている。

戦時中の学校

戦時体制が一段と色濃くなり、これまでの尋常高等小学校が昭和十六年三月一日より国民学校令公布により国民学校と改称され、初等科六年、高等科二年が義務教育となった。

昭和十六年十二月八日未明、後に九軍神とうたわれた人たちが特殊潜航艇に乗り真珠湾を攻撃したのを期に大東亜戦争（太平洋戦争）が勃発した。

以来当分の間は、大本営発表で、軍艦何隻轟沈《ごうちん》、何隻撃沈、飛行機を何機撃墜させたとか、また南方の島を占領したとか報道され、勝った勝ったの祝賀ムードであった。

出征兵士の見送りも学校行事になり、汽車の時間に合わせて学校から校旗を先頭に生徒が行列して駅まで見送りに行き、軍歌、日本陸軍の歌「天に代わりて不義を討つ」や、出征兵士を送る歌「わが大君《おおきみ》に召されたる」を歌って送った。

出征兵士といえば千人針。赤紙（出征令状）が来ると、家族は早速に縁起を担ぐというかまじないというか、弾除けになると言われる千人針の手拭いを用意しなければならなかった。

手拭いに赤糸を通した針を刺し、針に赤糸三回まわして引っ張り玉を作る。この玉を一人が一個ずつ作り、千個作る。千人の人にお願いして作らなければならないので大変であった。

近所の人、親戚の人にお願いし、町に出かけて知り合いに、またその知り合いにとお願いし、持ってまわって作られた。ただ、寅《とら》年の人はその人の年の数ほど玉を作ることができた。威勢がいい虎にあやかってであろう、その人は重宝がられた。

戦死者の遺骨も学校の生徒が出迎えた。

戦争が長引くにつれ生活が厳しくなり、衣食類が配給制、切符制となり、不足する状況になっていった。学用品も稀になっていった。鉛筆などは、木だけ削り、芯は削らずに、少し書いたら回して書いて使うように指導された。短くなっても継いで使ったものだ。

学校に着て行く学生服、短靴《たんぐつ》、長靴も学校に配給されたが、数が少なく、希望する生徒は抽選で購入しなければならなかった。しかし抽選に外れた者は次回まで待って抽選、また外れると次回の機会を待つしかなかった。冬に履く長靴の場合は、遠距離通学の人が優

先で抽選がなされた。

ちなみに冬以外の履物は藁草履が主体で、雨の日は裸足で登校し、コンクリートで作った大きな足洗い場で足を洗い教室に入った。

こうした質素倹約の時代、家庭でも今は見られない孟宗竹を二つに割って、足の大きさに合わせ、緒、鼻緒をすげただけの下駄も使われていた。

段々と、非常事態に備えた、防空訓練、防火訓練、伝令など含んだ救護活動訓練、竹槍《たけやり》訓練などが、日を増すごとに授業時間を割いて行なわれることが多くなってきた。各自が防空頭巾も用意した。もし屋外で亡くなった時でもわかるように、横一〇センチメートル縦一二センチメートルくらいの白布に住所氏名学年などを書いて上着の左胸に取り付けもした。

また蕨《わらび》、薇《ぜんまい》が芽生える頃になると、学校の授業を止め、蕨、薇採りの日が何日か設けられた。その日は学校でグループを作り里山に出かけて採って帰った。採った蕨、薇は各家庭に持ち帰り、湯がいて干し、乾燥させて、後日まとめて学校に提出し、供出された。提出する量が学年ごとに一人何百匁《もんめ》（当時の重量の単位）と決められ、高学年ほど多かった。兄弟が多い家庭は、それだけの量の確保は家族に協力してもらっても大変であった。本当に量の確保にはつらい思いをしたものだ。

秋になるとどんぐり拾いもあった。これも蕨採りと同様に、授業を割いてグループに分かれて学校から出かけて拾った。

どんぐりも後日まとめて学校に提出し、飛行機の燃料用として供出された。学年ごとに一人何升と量が決められ、大変苦労した。

誰もが拾うので、なかなか拾い集めることができなかったが、朝早くか、風が吹いた後か、まだ人が拾いに行っていない場所を探すかが、多く拾い集めるコツであった。

落ち穂拾いもあった。稲刈りが終わった頃、やはり学校から地区ごとに分かれて、稲刈りが終わった田んぼの中を歩き回りながら落ち穂を探して拾った。特に稲架場にはよく落ちていた。

出征兵士の家庭の農業の手伝い（奉仕）も時々学校から各班に分かれて出かけることもあった。

このような戦争による非常時で、学校本来の授業はままならぬ状況であった。

次第に戦況が厳しくなってくると、特に高等科の上級生は学徒動員で各方面へ労働に出かけて行った。

鉄の原料として、昔のたたら跡の金《かな》くそ掘りや、ガソリンの代用となる松根油《しょうこんゆ》（テレピン油《ゆ》）を採るため、松を切った後の松の根掘りなどの作業が毎日続くようになっていった。

詳しくはわからないが、松根油の作り方を簡単に述べてみる。

集められた松の根を鉞《まさかり》で太さ五～六センチメートル、長さ三〇センチメートルくらいに細かく割り、炭焼き窯（中の構造は見ていないのでよくわからない）のようなところに詰めて、専門の人が蒸し焼きして、煙を蒸留して作られた。採った後の松の根は炭のようになっていた。

残った高等科の下級生も、勉強をせずに食糧増産の奉仕で、田んぼや畑の農作業、校庭をさつま芋畑にしたり、さつま芋を囲う間歩《まぶ》を掘ったり、防空壕掘りをしたり、道路の路肩に沿って南瓜や大豆、ヒマシ油を採るためのヒマの種蒔き、またその収獲などの作業が続いた。

当時は、今頃のように化学肥料は殆どなく、畑には人の糞尿を使い、田んぼには厩肥《まやこ》えを使うぐらいで、路肩に植えたものにまで肥料を施すことはできなかったので、収獲は期待できる程のものではなかった。

畑の肥料に人糞を使用していることを記して思い出したが、当時は、そのせいか、殆どの人の体の中に回虫がいた。

駆除のため全校生徒が、回虫駆除剤、虫下しとして、海藻の海仁草《かいにんそう》を大釜で煎じた非常に不味いマクニン液を飲まされた。これが結構効果があり、長いミミズのような回虫がお尻から出たものだ。

作物の収穫がままならない中で、さつま芋（当時は甘藷《かんしょ》といっていた）だけは別で、今頃のような味を重視した品種のものではなく、味は少し劣るが護国芋という品種が主流で、肥料がなくても大きな芋が沢山収獲できた。だから食糧増産は、もっぱらさつま芋の栽培が奨励されていた。

戦時中、かっこよい七つボタンの予科練、食糧増産ができる新天地の満州（中国の北東部）、あこがれの航空兵の養成所など、宣伝されるなか、先生から予科練、満州に行く満蒙開拓義勇軍、航空機乗員養成所の志願を勧められた。

当時は、子どもが出征し、戦死でもすれば、名誉の戦死だと言われ、親は鼻高々である（内心は別であったと今は思う）と言われてもいたので、勧められるまま子ども心に、「お国のため」だと信じ、志願しようと誰もが思ったものだ。

しかし、どの家庭でも、両親からはことごとく反対されていた。親が反対していると告げると、先生は家庭訪問をして親を説得してくれた。

私も、米子の飛行場から、いつも三成の上空に、二枚羽根の通称赤トンボが飛来、練習するのを見て憧れ、志願ができる小学六年生の時に、親に反対されながら、米子の航空機乗員養成所に志願受験した。受験は、松江市古志原の聯隊で行なわれた。

先生に連れられ、汽車で行き一泊し、受験した。あいにくと、以前の中耳炎のせいで耳の聞こえが少し悪く、身体検査で不合格、残念でならなかった。

いま思えば、不合格でよかったと思う。

正しい情報も入らず、必ず勝つと洗脳され、信じて命令に従い、国のためだと頑張ってきた学校生活、勉強は殆どしない状況のなか、昭和二十年八月十五日、思いもよらない終戦を迎えた。

終戦は理解できたが、当分の間、敗戦は信じられなかった。

ついでに戦後のことについて少し触れておく。

終戦後、やがて進駐軍がジープでやって来て、全校生徒を行列させ、一人ずつ背中の襟元から長さ四～五〇センチメートル直径七～八センチメートルの筒状の粉用噴射ポンプ（スプレー）でＤＤＴという殺虫剤を体中に入れられた。

当時は、不衛生で殆どの家庭では蚤《のみ》がいた。家庭によっては、虱《しらみ》もいた。蚤が噛んだあとは赤い点となり痒かった。人によっては、蚊に食われたように腫れたりした。朝起きると布団を少しずつ捲り蚤をとった。

蚤は「頭隠して尻隠さず」で、衣類の縫い目などに頭を隠して茶色い体が出ていた。それを見つけてとり、爪で押しつぶすと「プツッ」と音がし、吸った血が出たり、中には細かな白い粒の蚤の卵が十数個出たりした。

家族に虱が発見されると、家族の普段着すべての衣類を、五右衛門風呂に入れて沸騰させて駆除した。

ＤＤＴが出回ると居間や布団に撒き蚤を駆除したが、効果は抜群で月日が経つにつれだんだんと蚤の姿が消えていった。野菜も虫がつくとＤＤＴを散布駆除し、何でもかんでも駆除に使用された。やがてＤＤＴは体に害を及ぼすとのことで製造中止となり、姿が消えた。

これも戦後忘れられない事柄の一つである。

また戦後、アメリカの科学技術の高さが非常に話題となったことを憶えている。薬品では、ペニシリン。肺結核で多くの人が亡くなっていく中、ペニシリンという抗生物質がアメリカで開発されて、それが徐々に手に入るようになり、多くの人の命が救われたことをよく聞いた。

繊維では、ナイロンが日本でも普及し、ストッキングが普及、戦後強くなったのは「女性とストッキング」だと言われたほど強い繊維でよく印象に残っている。

これらの科学技術を持っているアメリカと戦争して勝てる筈がないと、この期に及んでつくづく感じたものだ。

学校も、昭和二十二年から学校教育法公布により、六・三・三・四制となり、九年間が義務教育となった。

第六章

昔話や子どもの遊びなど

幼い頃、母さんたちに語ってもらった昔話

和尚さんの砂糖壺と小僧さんの昔話

とんと昔があったげな。

ああとこの寺に、和尚さんと小僧さんがおったげな。

和尚さんが、ときたま小僧に、

「遊びに行ってもええぞ」

と言って遊びに行かせたと。

和尚さんは、小僧を遊びに行かせたあとで、火鉢でお餅を焼いて、砂糖をつけて食ったげな。

小僧はへんに思うて、遊びから、ちょんぼし早ように戻ってみると、和尚さんが、お餅を食っておられたもんで、小僧は、

「何を食っておらっしゃあか」

と聞いたげな。

和尚さんは、

「餅を食っておった」

と言わっしゃったと。

小僧は、

「餅になんをつけて食っておらっしゃあか」

と聞いたげな。

和尚さんは、自分の留守の間に、小僧がまた砂糖を食うとえけんと思うて、

「毒気のあるものをつけて食っておった、子どもが食うと死のうけん、食うじゃあねえぞ」

と言いながら砂糖壺を戸棚にしまわっしゃったと。

ある日、和尚さんが用事でお寺を留守にしたげな。

これをええことに小僧は、戸棚から砂糖壺を出して砂糖を食ったげな。

そおから、和尚さんが一番大事にしておった植木鉢を割ったと。

だいぶしてから和尚さんが戻ってきて、戸棚の砂糖壺が空になっておうことに気がちいて、

「小僧小僧、この壺のものを食うじゃねえと言ったに、何で食うたか」

と言って叱ったげな。

小僧は、

「和尚さんの一番大事にしておらしゃった植木鉢を割ったもんで、お詫びのしようもないと思うて、戸棚の壺の毒を思い出して、死んでお詫びをしょうと思うて食ったが死ねませんでえ」

と泣いたげな。

和尚さんは、

「そげえか、そげえか、まあしかたがねえわい」

と言ったと。

小僧は、なかなか、てのあわん頭のええもんで、和尚さんも手を焼いたと。

こっぽし。

欲張り猿の嫁取り

とんと昔があったげな。

ある日、欲張り猿が、母さんと娘二人のとこおに来て、母さんに、

「娘一人を、自分の嫁にごさんか」

と言ったげな。

母さんは、大事な娘だけんと断ったげな。

だども、欲張り猿は、毎日毎日やってきちゃ頼んだげな。

母さんは、ように困ってしまったげな。

これを聞いておった下の娘が、母さんに言ったげな。

「母さん、あたしが嫁に行くけん、心配せんでええけん」

といったげな。

欲張り猿は、そおを聞いて喜んで帰ったげな。

嫁に行くことになった下の娘が、母さんに言ったげな。

「母さん、嫁に行くけど、たった一つだけ、あたしの言いことを聞いてごしなはい」

と言ったげな。

母さんは、

「どげなことか言ってみい、聞けえことなら聞いてやあけん」

と言ったげな。

娘は、

「母さん、嫁に行くとき、大きな瓶《かめ》を持って行きたいけん、用意してごしなはい」

と言ったげで、それぐらいのことならと、用意してやったげな。

やがて、欲張り猿が喜んで、娘を迎えにやってきたと。

娘は、猿に言ったげな。

「水瓶を持って行くけん、瓶が割れんようしっかり体に縛り付けて負うて行ってごせ」

と言ったげで、猿は、しっかりと負うて出かけたそうな。

しばらく歩いて行くと、道端に大きな池があったと。

娘は、立ち止まって、その池に映った顔をみながら化粧直しをしたそうな。

猿は、池に映った娘の顔に見惚《みと》れすぎて、つい足を滑らせ池に落ちてしまったと。

猿は、瓶を負うておうので、瓶に水がいっぱい入り、水から上があことができんで、ブクブク沈んでしまったげな。

娘は、一人で無事に家に帰ってきたげで、誰もで大喜びしたと。

こっぽし。

昔話の中の婿を、人ではなく、欲張り猿にしたのは、あまりにも惨《むご》すぎるからか。

和尚さんの帽子と小僧さんの昔話

とんと昔があったげな。

ああとこの寺に、和尚さんと小僧さんがおったげな。

和尚さんが、小僧に、

「遊びに行ってもええぞ」

と言って遊びに行かせたと。

小僧さんは、いつもきつい和尚さんが、遊びに行ってもええと言うのは、ちょんぼしおかしいと思うて、遊びから、ちょんぼし早めに帰ってみたげな。

そげえしたら、和尚さんが火鉢で、小魚の干したやつを焼いて食べておったと。

小僧さんは、

「和尚さん、和尚さん、今何しておらっしゃあますか」

と聞いたげな。

和尚さんは、

「剃刀《かみそり》、剃刀」

と言って、戸棚にしまわれたげな。

ある日、村の家で法事があり、和尚さんと小僧さんは、出かけて行くことになったげな。

和尚さんは馬に乗り、小僧さんは馬の後から、ついて行ったと。

しばらく歩き、やがて小川の橋の袂《たもと》まで来たとき、小僧が、

「和尚さん、和尚さん、川に剃刀が泳いでおおます」

と言ったげな。

和尚さんは、

「見たものは見捨てて、ついて来い」

と言われたと。

そおから、ちょんぼし歩いたとこおで、風がプーと吹いて、和尚さんの帽子が飛んだげな。

小僧さんは、帽子が飛んでも、見たものは見捨てて、ついていったげな。

和尚さんは、

「小僧、帽子が飛んだに、何でもって来んか」

と言われたげな。

小僧さんは、

「和尚さんが、見たものは見捨てて、ついて来いと言われたもんで見捨てておおました」

と言ったげな。

和尚さんは、

「馬の足の膝の上の方から落ちたものは、拾って来い」

と言われたと。

そおからまた、ちょんぼし歩いたとこおで、馬が糞をしたと。

小僧さんは、馬の足の膝の上の方から落ちた糞を、帽子の中に入れて持って行ったげで、
和尚さんは、たまげてしまい、ばあじ頭から湯気を出して怒ったと。

こっぽし。

子どものころの遊び

子どもの遊びはいろいろあったが、現在も遊ばれているものもあるので、ここでは、今は遊ばれていないようなものを挙げてみることにする。

兵隊ごっこ　戦争ごっこ

男の子は、竹ん棒（竹の棒）や、やや反りのある木の枝を持って、敵味方二手に分かれ野原を駆け巡り兵隊ごっこをして遊んだ。

輪とび

庭に直径一メートル前後の輪を縦にひっつけて二つ書き、次に、横二つ並べて書く、その先に縦に二つ、また横に二つ、最後に少し大きな輪を一つ書いた輪で遊ぶ。

ルールは、ジャンケンで順番を決め、自分の小石を手前の輪に出ないように投げて、入ったら、縦の輪を手前より一つずつ片足で跳んで先に行き、横二つの輪になったら両足でまたいで止まる。

このようにして一番先まで行って折りかえし、途中自分の小石を取って帰る。

うまくゆけば次の輪に小石を投げる。

うまく輪に入れば同じ動作を繰り返して先に進む。

小石が入らなかったら次の人と交替する。

先に最後の輪に小石が入って、持って帰った者が勝ちとなる。

ぺんぺん（おはじき）

いろんな色の直径一センチメートル強、厚さ三ミリメートルくらいのガラスで作ったおはじきをばら撒《ま》いておいて、親指か人差し指で玉をはじいて他のおはじきに当てて取る。当たらなかったら次の人に交替して行なう。多く取った方が勝ちとなる。

ゴム跳び

この遊びは、女の子の遊びであったが、ときたま男の子も混じって遊ぶこともあった。

輪ゴムどうしを、くぐらせて繋《つな》いでいき、三～四メートルのゴム紐を作り、二人がゴム紐の両端を持ってゴム紐を張る。

他の者は、そのゴム紐を飛び越えて遊ぶ。

ゴム紐を持った者も交替して跳ぶ。

ゴム紐の高さは、順次高くして飛び越えるのであるが、ゴム紐が体にあたってもよいルールであるため、最初から女の子たちは、独特な要領で、体を回転させながら、ゴム紐を足で引っ掛けながら飛び越えたり、また逆立ちの横回転で越えたりして遊んだ。

ぺった（めんこ）

直径六～七センチメートルの丸い厚紙に絵（兜を着けた侍の顔絵など）が書かれたカードを床に打ち張って、相手のカードをめくる、めくれば取れる。めくれなければ次の人に交替して、多く取った方が勝ちとなる。

めくれないようにぺったをしならせて空気が入らないようにしておいたり、張るぺったもいろいろしならせて張ったりして競争した。

コマまわし

現在と同様のコマまわしもあったが、他にぶちゴマまわしもあった。

ぶちゴマは、木で作った直径五センチメートル高さ六センチメートルくらいで、五センチメートルくらいを円錐形にした心棒のないコマを、長さ四〇センチメートルくらいの棒の先に長さ六〇センチメートルくらいの麻紐をつけて、ぶって回すコマである。

ぶつことがうまいと、いつまでも回っていた。よく回るときは、うなりを立てるほどであった。

はじめ回す時は、心棒のあるコマ同様にコマに紐を回し、引っ張って回す。

釘立《くぎた》て

お互い交互に、庭に書いた枠の中に、五寸（一五センチメートル）釘を手に持ち投げて立て、立てたところから立てたところまで線を引いての陣地取りの遊び。

これは間違って足などにささったりするので、遊びが禁止されていたが、時々これで遊ぶこともあった。

自転車のリームまわし

長さ五〇センチメートル、太さ二センチメートルくらいの棒を、古自転車から外したリームの溝にはめ、押して回して遊ぶ。

上り道ではリームのやや下に棒をかけ押して回す。下り坂ではリームの上に棒を乗せ、押さえ、調節しながらブレーキをかけ回す。

舗装のないでこぼこ道で回すのは、結構技術がいるものであった。

缶蹴り

庭に、直径一メートルくらいの輪を描き、中央に缶詰めの空き缶を立てて置く。

ジャンケンで鬼を決め、かくれんぼ同様みんなは隠れる。

「もういいよ」の合図で鬼は人を探す。

隠れた人は、鬼に見つからないようにして缶を蹴飛ばす。

鬼は、蹴飛ばされた缶を元に戻して缶を立ててから、また人を探す。こうして人を見つけるゲームである。

魚釣り

大きな川はなかったが、近くの小川によく魚釣りに行った。ミミズを餌にしての釣りなので、まずは、ミミズ捕りから始めた。畑の隅など草を寄せてあるところなどを探し、鍬《くわ》で草を除き、地面を出してミミズを捕る。少し地面も掘ってみる。ゴミ捨て場なども格好の場所であった。地面に沿って棒を何回も突き刺すと、ミミズがびっくりして出てくる方法でも捕った。

ミミズが確保できたら、早速小川に行き、水がよどんだ穴場を探し、はえんご（はえ）を釣った。

ぼっかも釣ったが、簗《やな》に手を入れて手掴みもして捕った。しかし、噛まれることもあり、びっくりして思わず離してしまうこともあった。だから手掴みは、あまり気持ちのよい捕り方ではなかった。

捕れた魚は小さいけれど家に持って帰り、竹串に刺して、囲炉裏端で焼いた。魚の臭みをとるため、水あぶりして二〜三日おいてから、醤油をつけてまた焼き、美味しく食べた。

上の兄貴らは、田んぼのいでがわ（溝）を攫《さら》って、ドジョウを捕り、それを餌として、夕方少し離れた大きい川に行き、ウナギ捕りのつけ針を格好の穴場に仕掛けて帰り、翌朝、早々につけ針を揚げに行った。

捕ったウナギは大きく見えるけれども、これをさばいて焼きだすとだんだん縮み、小さくなっていった。

ウナギは、簡単には捕れなかったように記憶している。

水泳

夏になり、水泳が許可されると、プールのない頃のこと、学校帰りに斐伊川の善勝寺下、はっちゃ淵などの深い場所でよく泳いで遊んだが、時には、わざわざ馬木川の堰、美女原の淵まで泳ぎに行った。

深い所に石を投げ込み、潜って拾い上げる競争もした。

ようやく泳げる者を上級生が面白半分で押さえ込み苦しむことを、平気でやったりすることもあったが、それが当時の鍛え方であったかなとの思いもする。

タケダ（クワガタ）採り

学校が夏休みになると、タケダ採りをした。

この季節、大人は朝間《あさま》仕事で山草刈りに行くので、「山草刈りについて行きタケダ採りをするから、起こして」と前の日に頼んで寝る。

ようやく明るくなってきた朝、早く起こされると少し眠いが、籠を持ってついてゆく。

朝露がズボンを少し濡らすので気持ちがいい。

山につくと、直径が二〇センチメートル前後の小楢《こなら》の木を見つけて、片足を高く上げ、ドン、ドン、と三～四回木を強く蹴る。すると木にタケダがいるとびっくりして何カ所かに落ちてくる。落ちた場所を確認し、近寄って採るが、ときたま枯れ木、毛虫の大きいやつが落ちてくる。行ってみてゾッとすることもあった。また早くしないと、枯れ葉の下に隠れてしまう。特に、タケ（コクワガタ）や、ハサミ（ノコギリクワガタの小型）は、隠れるのが早い。

山草刈りをした後はすぐにわかるが、草刈りをしていないところは笹の中なので見つけにくかった。だが落ちたところの確認を二人ですると探しやすかった。

あまり大きい木だと、足で蹴っても振動が梢《こずえ》まで伝わらないので駄目である。小さい木だといない、風が吹いていていたら絶対駄目である。露がないような朝も、駄目であった。

また昼になると殆ど採れなかった。大きな木の股などで樹液が出ているところは、昼でもいた。そこには蜂やカナブン、カブト虫もいた。

タケダは、オナミ（ノコギリクワガタ）、ハサミ、マクラ（ミヤマクワガタ）、タケ、ババ（メス）といろいろいたが、相撲をとらせて遊ぶのには、オナミとマクラが型が大きく適していたので、友達誰もが所望していた。ババだけは、誰も嫌った。他のタケダと一緒に籠に入れておくと、相手の足を噛み切ってしまうのである。だから山で採ったら、すぐに捨てることが多かった。

タケダが多く採れたとき、町の友達に持って行き分けると、すごく喜んでくれた。

桐の木の虫取り

春から夏にかけ、桐の木に巣食う鉄砲虫（確か、ゴマダラカミキリの幼虫）取りもした。桐の木は成長が早く、下駄や家具の材料になり、高く売買されていたので、当時は畑の隅や山の麓によく植栽されていた。だが木の根元によく虫が入った。虫が入ると成長が悪くなったり、材料が悪くなるので、その虫取りをした。虫を刺す針金と麦藁の茎でストローを作り、薬缶《やかん》に水を入れて持っての虫取りだ。

桐の木の根元を見て歩く。穴をあけ鋸屑《のこくず》のような糞で蓋をしている。その糞を取ってみると、殆どの穴が下に向かって開いている。ストローで薬缶の水を口に含み、含んだ水を虫の穴一杯に注入する。すると虫は、息ができなくなり下から上にあがってきて、頭を出し息をする。それを待ち構えて針金で喉元を刺して引っ張ると白い大きな虫が出てくる。失敗したら虫が引っ込むが、暫くすると、また頭を出すから必ず捕えることができた。

だが稀に上に向かって穴を開けた虫がいる。それは残念だが取れない。その時は穴に粘土を詰めておき、殺す。大きいものは、太さ一センチメートル、長さ五センチメートルくらいの虫である。

こうして何カ所かの虫取りをして集めて帰り、囲炉裏でこんがり焼いて食べる。

人が食べているのを見ると気持ち悪く感じたが、恐る恐る食べてみると、これが意外や、脂があって美味しいものであった。

蝗《いなご》取り

稲が穂を出し、花が咲いて実りだす頃になると、蝗が稲の葉を食うようになる。田んぼの畦道を歩きながら素手で蝗をとった。

昔は蝗が大発生することがあったようだが、私が記憶している頃は、あまり蝗はいなかった。それでも二~三〇〇匹は獲れた。これを一日くらい箱に入れて糞をさせ、鍋で炒って食べると、これもまた美味であった。

へいこ蜂取り

これは子どもの遊びではないが、子ども心に残っている楽しみの一つであった。

朝間仕事に田んぼの畔で小草刈りをしていると、へいこ蜂（クロスズメバチ）が土の中に巣をしていることがある。

体長一センチメートル強くらいの縞模様のある蜂だ。小さい蜂だが蜂は蜂、刺されると大変だから、そこは草刈りをせずに周りを残す。

この蜂は、土の中に傘のような巣を何段も作り、子を育てる。ソバの花が盛りに咲いている頃が、蜂の子が一番多いと言われていたので、この時期の夜、蜂の巣獲りをした。

夜、父が鍬と稲藁をもって巣に近づく。我々子どもも近くで見物する。最初に蜂の巣の入口を土で塞ぐ。塞いだら鍬の背後《せご》で、巣のあると思われるところを叩いて耳を近づける。すると、土の中で、ブンブン蜂が唸《うな》り羽ばたく。その音を聞き、どの辺に巣があるか見定める。見定めたら、藁に火をつけて燃やしながら巣を掘り起こす。蜂は暗いから火にばかり向かい、羽が焼けてしまうので刺されることはない。

こうして巣を獲って持ち帰り、巣から蜂の子をピンセットなどで出して炒って食べた。

蜂の子も本当に美味しいものである。

テテッポさんの観察

子どもの遊びの原稿を書きながら、ふと蘇ったのがテテッポさん。

テテッポさんとは、通称アリ地獄、ウスバカゲロウの幼虫のことである。

テテッポのいる場所は、稲架《はで》小屋、つまり稲架を作る材料の杉の丸太や、竹竿を保存しておく小屋のことだが、その軒下やお堂の軒下など雨の掛からない乾いた土のあるところだ。

五ミリメートルくらいのアリを捕まえて、すり鉢状の穴に入れてみる。すると、アリが逃げようとして登りだすが登れない。それもそのはず、すり鉢状の穴は乾燥した砂。しかもテテッポがお尻から土に潜りながら、大きなはさみがついた頭を使って、土を何十回も跳ね上げる。大きな粒の砂や土の塊は外に飛ばして、細かい砂で作ったすり鉢状の穴、登れるはずがない。

テテッポは、アリが足で砂を崩す微かな振動をキャッチ。すかさず崩れた砂を跳ね上げアリが下にきた時、はさみで捉えて餌として土の中へ引っ張り込む。

食べた亡骸は、やがて外に跳ね飛ばして、またきれいなすり鉢状の穴を作り待機する。

「テテッポさん、テテッポさん、水汲みに行かっしゃったかね」

と言いながら、すり鉢状の穴を人差し指で掘る。

掘ってみても、古い穴か、成虫になったのか、見つけ損ねたか、虫が見当たらないことがある。

「水汲みに行っておらん（いない）わ」

と言いながら別の穴を掘る。

何カ所か掘るうちに見つけることができるグロテスクな虫である。

手のひらに砂を少しとり、見つけた幼虫をそこに乗せると後すざりしながら砂の中に隠れようとする。少しくすぐったく感じるが、我慢して見たものだ。

土に戻すと、後すざりしながら土の中へと身が隠れるまで入ってゆき、暫くはじっとしている。やがてすり鉢状の穴を作るため動き出す。後すざりしながら大きなはさみがついた頭を使って土を跳ね飛ばし、完成させる穴の大きさの円を描きながら少しずつ下へと潜る。すると、まるい円の溝ができてくる。少しずつ小回りしながら回ると、すり鉢状の縁ができ、中央に小山ができる。ときどき休憩をしながら、さらに深く細かく回り、やがて中央の小山もなくなり、きれいなアリ地獄を完成させる。

時間をかけて観察したものだ。

物を作って遊んだこと

羽根突き

羽根突きの道具はすべて手作りした。

羽子板は杉の板で作り、羽根突きの玉は秋に採った無患子《むくろじ》（モクロウジといっていた）の実の果肉をとり、中の黒い種を使い、頂点に錐《きり》で穴をあけ、鶏の羽を三本ないし四本刺してでき上がる。できた羽根玉が、飛ばした時よく回転するように、羽根を調整しながら刺し直して仕上げる。

こうした道具で羽根をついて遊んだ。

無患子の木は稀であるが、その実は、数珠に使われたり、昔は、灯明の煤《すす》の汚れ落としや、洗濯・洗髪に使われたとも聞いている。

杉の実鉄砲

春、杉の実（杉の花粉がまだでない蕾のことで、ここでは実と呼ぶ）の大きさより少し小さめの孔《あな》のしの笹で筒を作る。そこに実を入れて押し込む棒を、筒の長さより実の大きさ分短く作り、取っ手も作って、実を入れて押し込み、もう一つ入れて押し込むと、空気が圧縮され、先の実が飛び出て音がする。

じーご玉鉄砲（竜のひげの実を弾に）

杉の実鉄砲と同様で、筒の孔の大きさを、じーご玉の大きさに合わせて作ればよい。季節により、このような鉄砲を作り遊んだ。

紙鉄砲

紙鉄砲は、適当な孔の筒で作って、孔の大きさに合わせて、水で柔らかくして作った紙の玉を詰めて押せばよい。

バカ（こしあぶら）の木で刀作り

バカの木は、木と皮の間が離れやすい木である。太さ一・五センチメートル長さ三〇センチメートルくらいの真っ直ぐな若い木を切り、五センチメートルくらいの所を、ぐるり皮だけ切り込み、二五センチメートル部分の皮を、他の棒でまんべんなくこする。こすった皮を、回すようにして引っ張ると、鞘《さや》のように皮が抜けて刀のできあがり。

竹スキー

直径七~八センチメートルくらいの生竹を切ってきて、適当なスキーの長さに切る。四つ割りにして、節を削り、二つを組にして並べ、隙間のないように削って合わせながらスキーの幅に整える。

先をスキーの形に曲げるため、一つずつ火にあぶりながら、同じように揃えて曲げていく。

曲がったら水につけて冷まし、形が元に戻らないようにする。曲がった竹を二つ並べて先の角を取り、スキーらしくして、針金で繋ぐ。

足の大きさの板を作り、足を置く位置において裏から釘を打って止める。

自転車の古タイヤを、中側を表にして靴をはめるバンドを作り、横に釘で取り付けてできあがる。

簡単に説明したので簡単そうだが、作ってみればなかなか要領のいる工作である。

竹トンボ

現在、時々イベントなどで、親子で作ったりされる竹とんぼ。当時は切り出しナイフや、折りたたみ式の肥後《ひご》ナイフを使って、友達同士で作り、飛ばして遊んだ。

竹馬

竹馬も、自分たちで作って遊んだ。

歩けるようになると、足を乗せる位置をだんだん上にあげ、得意げに歩きまわったものだ。

凧揚げ

雪が解け快い春風が吹く頃になると、竹ひごを作り、半紙を使って凧を作り、田んぼの畦道から凧を揚げて遊んだ。

学校から帰り、風が吹いていると、早速凧揚げに興じた。半紙で長い脚をつけて、高く揚げ、泳がせると本当に気持ちよく優越感に浸ったものだ。しかし、風の弱い時などに無理して揚げようとすると、凧が田んぼの水気の多いところなどに落ちたりして台無しにしてしまい、凧の作り直しをしたりもしたものだ。

ちなみに、凧揚げは上級生になってからの遊びであった。

松尾　嘉巳　まつお よしみ

1932年（昭和７年）生まれ。奥出雲町（旧三成町）出身。農業に従事した後、中国プロパン株式会社入社。松江ＬＰガス事業協同組合勤務等を経て、島根県エルピーガス事業協同組合元専務理事。真山クラブ元会長、現顧問。

島根県ＬＰガス協会長表彰、日本エルピーガス連合会長表彰、島根県知事表彰、広島通商産業局表彰、通商産業大臣表彰、全国中小企業団体中央会長表彰等。

座右の銘は「努力と感謝」。

奥出雲《おくいずも》　昔《むかし》のくらしと年中行事《ねんちゅうぎょうじ》
―昭和《しょうわ》のこどもたちの春夏秋冬《しゅんかしゅうとう》

二〇一五年八月一日　初版発行
二〇一六年八月一日　第二刷発行

著者　松尾《まつお》　嘉巳《よしみ》

発行　ハーベスト出版
〒六九〇―〇一三三
島根県松江市東長江町九〇二―五九
ＴＥＬ〇八五二―三六―九〇五九
ＦＡＸ〇八五二―三六―五八八九

印刷・製本　株式会社谷口印刷

定価はカバーに表示してあります。
落丁本、乱丁本はお取替えいたします。
Printed in Japan
ISBN978-4-86456-155-6 C0039